日本戦後史論

内田樹　白井聡

朝日文庫

本書は二〇一五年二月、徳間書店より刊行されたものです。
なお、第五章は文庫版のための語り下ろしです。

文庫版によせて

内田樹氏と私の対談、『日本戦後史論』の文庫版を読者にお届けすることになりました。早いもので、この本が単行本として出版されてから六年近く経とうとしています。この本をつくっていたとき、私たちは日本の「戦後」なる歴史的時空間をできる限り俯瞰的に考察してみようとしました。なぜなら、「戦後」が常識としてきたさまざまな前提が崩れてきたことにより「戦後」が賞味期限切れを迎えつつあり、そこから新しい時代を切り拓くことは、過ぎ去った時代の俯瞰・総括によってこそ可能になる、と思われるからです。

それでは、この六年のうちに「戦後」は本当に終わったでしょうか。答えは「イエス」であり「ノー」でもあるように私には思われます。

「ノー」の理由から述べたいと思います。六年前の対話で、私たちは安倍晋三政権、さらにはそれを支えるものを明るみに出し、徹底的に批判しました。なぜなら、安倍政権とは、「戦後レジームからの脱却」などというスローガンとは裏腹に、賞味期限の切れてしまった「戦後」を無理矢理に持続しようという権力であったからです。二〇二〇年九月に安倍政権は退陣し、後継として菅義偉政権が成立しました。この政権は、「安倍政権の継承」をいまのところ標榜しているのですから、やはり「戦後」をさらに無限延長させようという体制だと考えられます。この間、「敗戦の否認」（拙著『永続敗戦論――戦後日本の核心』〈講談社＋α文庫〉を参照）を行なうために卑屈な対米従属を続けるという「戦後日本の核心」は、この六年間で揺るがなかったどころか、病膏肓《こうこう》に入るの状態に到達しており、その意味で「戦後」は全く終わっていません。

他方、「イエス」である、すなわち「戦後」は終わった、とも言えるのは、「戦後」という言葉が喚起する意味内容が急速に貧困化してきたからです。

一例を挙げてみます。私が大学で教えるとき、「戦後」という言葉で何をイメージしますか、と学生に問いを投げ掛けると、九割以上の学生から「焼け跡」「戦災孤児」といった終戦直後の事象だけが回答として返ってきます。このことは、この焼け跡の光景が現在の日本とひとつながりの歴史的時間として実感・認識されていないことを意味しています。それらのイメージは「単なる古い過去」にすぎないのです。もちろん、日本の戦後処理の在り方が異様な対米従属の権力構造を今日に至るまで規定しているといったことについて、ほとんど認識はありません。

かくして、「戦後」がひと続きの時代として意識されていないのであれば、「戦後」

は終わったと、ある意味では言えるのでしょう。このことは、「戦後」日本の社会秩序を曲がりなりにも支えてきた集合的記憶とそれに基づく共通の価値観といったものの崩壊や蒸発を意味します。「戦後」はつねに、負の歴史としての「戦前」への参照によって成り立ってきました。超国家主義と軍国主義への反省・後悔の意識が、革新系から保守系まで、また政治家から市井の人々に至るまで、ほとんどすべての政治勢力と万人によって共有された常識であり、それが「戦後」的価値観の最も強力な実質を成してきました。もちろん、そうした意識が建前にすぎない場合も多々ありましたが、「本音」を吐露することは相当の覚悟を要することでした。そして、今日崩れたのはこの「常識」です。

現在大事件となっている日本学術会議の会員任命拒否の問題も、こうした常識の崩壊の一端を示しています。同事件が起きた大きな文脈としては、大学における軍事研究の是非の問題があります。「大学の学問は軍事研究に寄与しない」という大前提（無論、科学技術の民生利用と軍事利用の関係は一筋縄ではいかない複雑な問題なのですが）を政治権力の側が切り崩したい、という欲望がここでは露わになっています。逆に言えば、こうした欲望を露わにしたところで政権支持率の致命的な低下は起こらない、という計算が成り立っているのでしょう。このことはまさに、「戦後」がすでに終わったことを告げています。

「戦後」が国民の歴史意識のなかで終わりを迎えつつあるなかで、「戦後的なあまりに戦後的な」原理に依拠する政治権力が相も変わらず権力中枢に居座り続けているという何とも矛盾した状況は、この六年間でビクともしませんでした。その間、統治の作法はますます強引になって品位を失い、シニカルなものへと堕してきました。にもかかわらず、安倍政権は相対的にではあれ高い支持を受けて選挙に勝ち続け、違法・脱法行為にまみれた自らの身の安全を守ってくれる後継者へと政権を無事に引き渡すことができました。

今日のこうした日本の政治状況、そしてそれを支えている国民の一般的な意識状態にポジティブなものは何一つありません。この日本がこれほどまでに無気力な社会になるとは、私の子供時代・青年時代には想像もつかなかったことでした。

どこからどのように日本社会を立て直すことができるのか。この問いは難問です。はっきりしているのは、必要なのは誤魔化すことではなく、問題の直視であるということです。七五年の間、複雑に積み重なったものを解きほぐすこと。そしてそこから、「あの戦争」の意味を考え続けること。そのことから逃避してしまえば、私たちは自分の正体を見失うことにしかならないでしょう。

「戦後」日本は、「あの戦争」の記憶を共有し、その意味を考え続け、意見を戦わせることにおいてのみ、公共性（公的な議論の空間）の支柱を見出すことができたのだと思います。ゆえに、曖昧に「戦後」を終わらせるならば、「あの戦争」に関する思考も議論も蒸発しますが、それは私たちが国民的に共有される公的な議論の場を失うことを意味するでしょう。

しかし、「そんな話は古いじゃないか、もうたくさんだ」という感覚はいよいよ強まっています。私に言わせれば、とんでもない話です。たったの七五年前であること以上に、その出来事が現在の私たちを強く規定していることに鑑みれば、それは「現在」なのです。現に、フランスでは一七八九年の大革命をめぐる解釈論争がいまでも延々と続いています。大革命をどう解釈するかは、いま現在のフランスのナショナル・アイデンティティを問い直し、再定義することにほかならないからです。

フランス史における大革命の役割を、日本史では敗北に終わった「あの戦争」と明治維新が果たしてきた、と言えるのかもしれません。敗戦と維新を超えるほどの歴史の断絶をもたらす大事件が起こらない限り、現在を生きる日本人のナショナル・アイデンティティはこれらの事件と切り離せないはずなのです。してみれば、思い出せば出すほど不快なことが多い「あの戦争」を不快だからといって忘れてしまうならば、私たちのナショナル・アイデンティティはぐずぐずに溶解してゆくに違いありません。歴史修正主義に惑溺し、「『戦後』を終わらせることができた」と首相退任後に述べた安倍晋三氏が、愛国者どころか日本国家と社会の破壊者でしかない理由もここにあるのでしょう。内田樹氏と私の対話は、こうした記憶喪失と自己喪失の流れに抗して、気力を取り戻すための取り組みだったのではないか、といまにして思うのです。

二〇二〇年一一月

白井　聡

はじめに

　本書には、二〇一四年におこなわれた内田樹さんと私との三度にわたる対話が収められています。話題は多岐にわたりますが、現代日本国家に関する問題が主に語られました。このテーマは、私にとっては『永続敗戦論——戦後日本の核心』（二〇一三年）以来取り組んでいるものです。

　私自身読み返してみると、二人の対話の内容は、愛国ないし憂国の心情によって貫かれているものと読めるように感じられました。しかし、『永続敗戦論』にしても、本書にしても、今の日本社会で一般に表明されている「愛国的」言説に対する激しい批判を含むものです。内田さんも私も、世間で流通している「愛国的なもの」に対して強い違和感を持っており、それが本書での対話の内容を形作っています。ですから、私たちの対話は、言うなれば「真の愛国」を提示する試みだと言えるのかもしれません。

さて、私は戦後日本史についての著作を書く以前には、レーニンの研究を主にやっていました。レーニンといえば、左翼の中の左翼、マルクス主義者の頭目だった人です。そしてマルクスは言いました、「プロレタリアートに祖国はない」と。こういうわけで、左翼ないしマルクス主義者は、ナショナリズムを支持しない、あるいはその意義を否定する存在であると、おおよそのところみなされてきましたし、左翼自身もそのように自己規定をしてきた事実があります。ちなみに、内田さんもかつてはマルクス・レーニン主義的な立場をとっていた時期（学生時代）があったのではないかと私は想像しています。

もっとも、だからと言って、私たちが突然ナショナリズムの意義に目覚めて、「日本回帰」を果たした、などということではありません。私の場合、あの三・一一の発生とその後の社会の成り行きを見て、「愛国」や「憂国」といった「ナショナリスティックな」事柄に対してあらためて向き合わなければならない、と実感しました。

私たちは、福島第一原子力発電所の事故、放射性物質の大量放出によって、当地の人々の生活を台無しにし、子どもたちをはじめとする多くの人々を健康不安に陥れただけでなく、日本の国土に対しても前代未聞の暴力を加えてしまいました。「国破れて山河あり」とは有名な古言ですが、この言葉は、たとえ国が戦争に負けて悲惨な状態にあるときにも再起を図る足場となる大地があるという意味にも読めます。そう考えると、われわれの直面している状況は恐ろしいものです。私たちは、あの地震・事故によって何かとてつもない挫折にぶち当たった、負けたという感覚を喚起されたわけですが、そのとき私たちがそこから再出発を図るべき場所は、すでにほとんど取り返しようもなく駄目にされてしまったのではないか。それが今、直面している状況の恐ろしさの正体です。国破れて、山河もない。

なおかつ、国民の多くがこの深刻さを見ようとしていない。原発プラントの事故処理は純技術的に未曽有《みぞう》の難業であるわけですが、不手際が相次いで明らかになっています。あらゆる英知を動員して事故処理を進め、すでに出てしまった被害に対してはそれを最小限化するためにあらゆる努力を払うことが、これまで原発を推進してきた国とその主権者である国民の義務である、と私は思います。この義務を私たちが果たさないならば、何が起こるか。最悪の場合、人類全体にとっても重要な意味を持つプラントの事故処理に対して日本人は当事者能力を欠いている、と判断されかねません。そのときには、当事者能力を持ちうる別の主体が、外から強制的に挿入されることになるでしょう。

しかし、こうした事態は簡単に生じるわけではありません。言い換えれば、外から誰かが善意で助けに来てくれることなどない、ということです。来てくれるとすれば、「迷惑だからどうにかせざるを得ない」という動機で来るだけのことです。なぜなら、日本列島に住む人間の幸福や健康や財産、国土の健全性などといったことは、日本以外の地域に住む世界の大多数の人々にとって、どうでもいいことだからです。結局のところ、これら私たちにとってかけがえのないものについて責任を持つ存在は、私たちしかいないのです。これらかけがえのないものを、公正な仕方で守ろうとすること、そのためのエートスを私は「愛国」と呼ぶのだと思います。

ところで、政治哲学の世界では、「愛国主義」とか「愛国心」と訳される言葉には、二つのものがあると言われてきました。一つは、パトリオティズム（patriotism）であり、もう一つはナショナリズム（nationalism）です。両者の違いについては盛んに論じられてきましたが、多くの場合、前者は「自然なもの」、後者は「操作されたもの」と受け止められています。言い換えれば、前者は「下から」、「民衆の生活から自然に湧き上がる郷土への愛」がそのまま拡大したものとしてとらえられるのに対し、後者は「上から」、「国家のエリートが作為的につくり出し、民衆に押しつけることで彼らを時の政府に対して従順にさせ、他国民への傲慢《ごうまん》な優越感を植え付ける企《たくら》み」としてとらえられます。ですから、簡単に言えば、パトリオティズムは善《よ》きものであるのに対して、ナショナリズムは悪《あ》しきものだとされます。「愛国心は、ならず者の最後の避難場所である」という有名な警句がありますが、これは後者の意味での「愛国」を指したものと考えられます。愛国心をかさに着たならず者が、政府に従順でない人々を非国民・売国奴呼ばわりし、したい放題をするという光景は、洋の東西を問わず、数多く観察されるものです。

しかし、このように二つの愛国主義が概念としてきれいに切り分けられるとしても、両者を実際に区別するのは簡単なことではありません。誰でも、自分が慣れ親しんだ自然環境、風土、食べ物、そして人々等に対する愛着を持っているでしょう。こうした心情が郷土愛と呼ばれ、その拡大版がパトリオティズムだと言われます。郷土への愛を否定することは誰にもできない絶対的なものであるように思われるのであり、それは自然なものだとも感じられます。しかし、ナショナリズムは、こうした「自然な」感情を巧妙に利用することによって成り立ちます。私たちが、ごく「自然に」身につけたと感じる、自分の周囲を取り囲むものへの愛着が、実は操作され人為的に喚起されたものだった、ということは大変しばしば観察される事態なのです。

その代表例が言語です。母国語による表現は、私たちに「まさにこの言葉でなければ表現できないかけがえのないものだ」、「母国語は私たちの気持ちを自然に表現するものだ」という印象を与えます。しかし、「母国語」は、野原に雑草が生い茂るように自然発生的に成立するものではありません。それは、母国語をつくり出そうとする多くの人々の意図的な努力と、学校教育やメディアなどの制度的基盤を通じて、はじめて成立するものです。つまり、正しい愛国心とは、郷土愛を拡大していったところに成り立つものだという考え方が、理路としては整合的に見えるとしても、その「拡大」の過程には愛国心を操作するさまざまな策動が入り込む余地が、大いにあります。

以上のような事情から、政治を学問的に取り扱う際に、愛国主義は大いに危険視されてきました。二〇世紀前半の二つの世界大戦においては、人々が熱狂的な愛国心に駆り立てられることで未曽有の規模での殺戮《さつりく》が行なわれた事実がある以上、こうした警戒感が強くなったのは当然のことでした。それゆえ、二〇世紀後半の人文・社会科学は、ナショナリズムとしての愛国主義に対する批判的解明の作業を進めることにもなりました。

これらを踏まえたうえでなお、内田さんと私の対話は愛国主義を打ち出すものとなりました。その理由は、一つには、ならず者たちの愛国主義が猖獗《しょうけつ》を極めているという事情があります。上は内閣総理大臣から下はヘイトスピーチの市民活動家に至るまで、郷土への愛着は何ら感じられない一方、幼稚な戦争趣味と他国民への攻撃性だけが突出した悪性のナショナリストたちが、愛国主義の旗印を独占しています。これらの輩が、愛国者面をした単なるならず者であることを徹底的に暴露しなければなりません。

もう一つのより本質的な理由は、先にも述べたように、私たちは今当事者として、この国で起きている問題（原発の問題はその筆頭です）に、正面から取り組まなければならない、ということです。それは、人類ないし地球全体といった普遍的なものに対する義務でもあります。私たちの国土に対して絶大の愛着を感じる存在は、例えばドナルド・キーン氏のような少数の例外者を除けば、日本に暮らしてきた私たち以外にはいません。私たちが当事者としての無限責任を負わないなら、地球の一部としてのこの国土は、ならず者たちによって使い尽くされた後、見捨てられ、最終的には打ち捨てられることになるでしょう。ですから、「この国土」に愛着を持つ「この私たち」こそが、その自然を、その社会を死守する主体にならねばならない。

このことは、真の意味でコスモポリタン（世界市民）であるためにはパトリオット（愛国者）たらねばならないことを意味しています。ナショナリズム批判の文脈において、コスモポリタニズム（世界市民主義）は高い価値を与えられてきました。たしかに、一見したところ、特定の民族や国民の狭い価値観に固執するナショナリストよりも、特定の限定された価値観に拘束されず普遍的価値にのみコミットするコスモポリタンの方が、優れているように見えます。しかし、いかなる特定の場にも責任主体としてコミットしない、言い換えれば、無限責任を負う郷土を持たないコスモポリタンは、フリーライダーでしかありません。それは、ある空間を改善したり保全したりするために無限の努力を払ってきた人々の成果を、タダで受け取り、費消する存在にすぎなくなる。そのような行動様式をとる主体の代表は、グローバル資本にほかなりません。グローバル資本は、世界中で自然環境を、労働力を、有形無形の富を、できる限り安く買い叩いて利用し尽くし、その場所が荒れ果ててしまえば立ち去ってゆくだけです。したがって、コスモポリタニズムが標榜《ひょうぼう》する開かれた価値観は、それ自体優れたものですが、それが何らの特定の根も持たないならば、悪性のナショナリズムと同様に「ならず者の最後の避難場所」として機能するにすぎません。

私たちが、本書の対話を通して目指しているのは、以上のような意味で、パトリオットかつコスモポリタンであろうとすることです。そして先に触れたように、善きパトリオットであることと悪しきナショナリストであることとの境界線は、定かなものではありません。善きパトリオットたらんとして悪しきナショナリストへと転落するリスクは、それを理解していたからといって簡単に避けられるものではない。しかし、私たちは皆、今このリスクを引き受ける勇気を持たねばならない。私はそう考えています。

さて、この本の仕上げの作業をしている間にも、第四七回衆議院総選挙が行なわれました（二〇一四年一二月）。内田さんも私も、現在の安倍自民党政権の政治に対して強く批判的ですから、私たちはこの結果にあらためて失望しています。予想通り、政権は集団的自衛権行使のための法整備、武器輸出の促進といった政策への積極姿勢を露《あら》わにし、原発の再稼働や沖縄の辺野古新基地建設の問題に至っては、交付金を通じた恫喝《どうかつ》の姿勢まで示してきています。こういう政権を支持しているのが、日本の民意です。

シェイクスピアの『リア王』の中の台詞《せりふ》に「今は末世だ、気違いが目くらの手を引く」（福田恆存訳）という言葉があります。これを読むと私は、今の日本の世相を言い表すのに実にぴったりな言葉だと思うと同時に、このように「末世だ」と嘆息したくなる時代・瞬間を人類はさまざまな場所で、さまざまな時代で、繰り返し何度も、そうウンザリするほど何度も繰り返して経験してきたことを実感します。このことは、私たちが置かれている状況の惨めさを少しばかり相対化してくれます。末世的状況はまったくありふれたものなのです。そして、人間の尊厳や誇りがあるとすれば、それは、人がこうした末世に抗《あらが》うことのうちに存在するのだ、と私たちは考えるからです。

白井　聡

日本戦後史論 ● 目次

第二章　純化していく永続敗戦レジーム

第三章　否認の呪縛

第四章　日本人の中にある自滅衝動

第五章　安倍退陣、アメリカ大統領選、そしてコロナ危機

編集協力／永江 朗

日本戦後史論

第一章　なぜ今、戦後史を見直すべきなのか

戦後史を見直す動きは時代の要請

内田　『永続敗戦論』という著書を白井さんが出版されたのは今から二年近く前の二〇一三年三月ですね。このようなことを書く人が、若い世代から出てきたのは僕にとっては大変衝撃的でした。文字通り、「戦後レジーム」は耐用年数が切れたということを思い知りました。そのレジームの中で行き交っていた言説がもう現実を説明するだけの力を失ってしまった。戦後日本人がそこから眼を背け、「なかったこと」にして隠蔽《いんぺい》し続けてきたこと、遮蔽物が腐敗し、剥落して、しだいに露出されてきた。白井さんたちの世代は、そのあらわになった現実にまっすぐ向き合っているのだと思います。僕たちの世代だと、まだ「隠蔽工作」が多少は有効なのです。でも、「王様は裸」と同じように、若い世代の眼には「日本て、主権国家じゃないでしょ」という認識が当たり前のこととして見えてきている。そういう気がします。ですから、その世代から戦後史を見直す動きが出てくるのは当然と言えば当然かもしれません。

戦争を知っている第一世代、戦中派は敗戦経験の本質を隠蔽してきた。これは確信犯的にやってきたことだと思います。一つにはあまりにみじめな敗戦であったので、その事実を受け止め切れなかった。「負け過ぎた」のです。ふつうの敗戦とは規模も深みも違う、徹底的な敗戦だった。総括しようにも、反省しようにも、それだけの体力も精神力もないほど負けた。もう一つは、戦争に負けて「よかったじゃないか」という気分が戦中派には横溢《おういつ》していたことです。僕の父親たちの世代がそうですけれど、「負けてよかった」という気分がどこかにあった。馬鹿なやつが威張らなくなって、平和と民主主義の国になった。貧しいけれど、ずいぶん明るい社会になった。だったら、それはそれでいいじゃないか。「なぜ負けた?」という問いは、どこかで「次は勝つ」というマインドに接合します。「次はアメリカに勝つ」ためにという真剣さがなければ「なぜアメリカに負けたか」という問いは前景化しない。でも、戦中派には「次は勝つ」というような気分はまったくありませんでした。ナショナリストたちにさえまったくなかった。だって、右翼の巨魁《きよかい》たちは次々とCIAのエージェントに採用されてしまったんですから。「負けてよかった」という楽天的なマインドと、「なぜ負けたか」を追求する主体がどこにもいなかったという現実の帰結として、敗戦経験を正面からクールかつリアルに総括するという事業が七〇年にわたってネグレクトされてきた。そういうことだったと思います。「もう戦争の話はいいじゃないか。済んだことなんだから」という当事者たちの嫌気によって、ほんとうは何があったのか、どうしてこれほど負けたのか、日本人はこの敗戦で何を失ったのかといった一連の問いが問われぬままに放置されてきた。でも、いくら「なかったこと」にしても、現に「あるもの」はそこにあり続ける。日本は敗戦の経験を正面から引き受けることを怠ったために、アメリカの従属国でありながら、主権国家のようにふるまっているという自己欺瞞《ぎまん》から抜け出せないでいる。その事実を白井さんのような若い鋭利な知性が、「これはおかしい」と指摘するようになった。「身内の恥」を当事者たちはふつう言挙げしません。口に出して、ようやくかさぶたができた傷口をこじ開けて、塩を擦り込むようなことはしない。でも、当事者ではない世代は「これおかしいでしょ」ときっぱり指摘してくる。これはある意味で自然な過程なんだと思います。ドイツでもフランスでもイタリアでも、敗戦の全面的な総括はやはり敗戦直後にはできなかった。かなり長い時間が経って、「その話はなかったことにしてくれないか……」という世代が退場した後に、はじめて「この負け方の総括、おかしいんじゃないですか」という世代が登場してきた。「戦勝国」フランスでも、対独協力したヴィシー政府についての歴史学的な研究が始まるまでには戦後四〇年という歳月が必要だったんです。日本ではようやく戦後七〇年が経ってから、「あの戦争で日本は何を失ったのか。失ったものをどうやって隠蔽してきたのか」という問いが立てられるようになった。そういうふうにして見ると、集団の叡智《えいち》の総量というのは時代によって変わるわけではないと思います。ただ残念なことは、白井さんたちが登場してきたにもかかわらず、安倍政権誕生以来の二年あまりで戦争責任や敗戦責任をめぐる政治的言説の質はますます劣化しているということですね。

白井　過分な評価をいただき恐縮です。『永続敗戦論』を書くきっかけになったのは、東日本大震災、特に原発事故でした。前々からこの国にはずいぶんおかしいところがあると思っていたけれども、こんなにスカスカだったとは、という衝撃を受けました。衝撃というよりも恐怖と言った方がいいかもしれません。なにせ、もう少しだけ運が悪かったならば、いわゆる東日本壊滅、まあそれはほとんど日本終了というのと同じと思いますが、そうなっていたって全然おかしくないからです。たまたま運良くそれを回避できたにすぎません。とんでもない国に住んでいるのだ、という事実が露呈しました。なんでこんな社会になってしまったのだろうと考えると、エリート層の劣化という問題に行き着く。日本のブルジョアジーというものがまったく尊敬できない、いい加減尊敬すべきブルジョアジーがいない。それはなぜなのかを考えていくと、「いい加減な敗戦処理」ということに突き当たります。あの戦争、敗戦をほんとうは清算などしていないから、同じようなパターンで過ちを繰り返す。震災後に丸山眞男の「超国家主義」論文などを読み返して、戦慄を覚えました。丸山の世代を大量に殺したものと同じものが生きていて、私たちもそれに殺されるかもしれない、というか殺されかけたのだとわかったからです。

もちろん、あの戦争を日本人はほんとうのところ総括できていないとは、さんざん言われてきたことです。私の歴史解釈は、その問題の核心を「敗戦」の「終戦」への呼び換え、つまり敗戦の誤魔化しに見出したところに、特徴があるのかもしれません。内田さんは『街場のアメリカ論』のあとがきで、台湾の話を書かれていますね。蔣介石の像が中国本土をにらんでいる、と。台湾と中国は戦争しない方がいいに決まっているし、幸いなことにやる気もない状態だけど、他方で、意地でもにらみ続けることが大事なんだと内田さんは書いておられます。共感しました。これこそが日本に欠けていることであり、現代の日本がおかしなことになっている大きな要因の一つだと思った。

私は外交の専門家でもありませんし日本の戦後史を専門的に勉強してきたわけでもないので、このテーマについて書くことには少し躊躇《ちゅうちょ》したんですが、誰もこういうことを言わないなら自分でやるしかないと決心して取り組みました。いつからこういうことを誰も言わなくなってしまったんでしょうか。言わなくなってますます事態は悪いほうへ進んでしまいました。

内田　抑圧がそれだけきついんです。「親米路線・日米同盟基軸しかない」と言う人たちはそれ以外のオプションについて考えること自体を抑圧している。彼らは僕ら素人と違って、僕らがアクセスできないいろいろな情報を持っている。その情報量のアドバンテージを誇示して、「日米同盟以外に外交戦略の選択肢はあり得ない」と言い切る。でも、それはあくまでも日本にとっての選択肢の一つでしかないはずなんです。彼らは日米同盟基軸以外の選択肢を可能性としてすら考えたことがない。

例えば、戦後すぐソ連が北海道に侵入してきて、日本の東半分がソ連統治下になるということは可能性としてはあったわけです。その場合にこの東西分断された日本はどんな戦後史をたどっただろう。そういうSF的な想像はしてみるべきだと思うんです。あるいは、朝鮮戦争のとき、北朝鮮・中国軍が朝鮮半島を全土制圧して、米軍が朝鮮半島の足場を失い、日本列島が国際共産主義勢力とのフロントラインになった場合、日本はどのような政体になったか。そういうことは想像すべきだと思う。歴史上の出来事のわずかな入力の違いによって、現在の日本の政体なんて、似ても似つかぬものになっていた可能性がある。そういう並行世界・多元宇宙的な想像をしたときにはじめて、現代日本が現代日本のようなかたちになるためにどのような歴史的条件が関与していたのか、それがわかる。現代日本の独特さ、あるいは「異様さ」が前景化してくる。

それは逆に言えば、未来もわずかなファクターの変化によって大きく変わるかもしれないということです。国の行き先を安定させたいと思うなら、ある程度長期的な国家戦略を立てておきたいと思うなら、日本が遭遇しかねないすべてのリスクファクターをリストアップしておくべきなんです。どこの部品が弱いのか、どこに穴があるのか、どこにひびが入っているのか、それを見ておかなければいけない。必ずそこからシステムは崩れるわけですから。言い換えれば、どういう虚偽や欺瞞の上に、何を隠蔽することによって現在の表層的な安定状態が成り立っているのか、それを見なければならない。それを見切るのが社会指導層の使命だと思うんです。でも、今の日本の指導層は、自分たちがついている嘘についての自覚がないですね。僕が学生のときは、「悪い親父《おやじ》」たちがいっぱいいた。口で言っていることと腹の中が全然違っている嘘つきな親父たちが。

白井　たぬき親父ですね。

内田　そうです。でも、彼らには大人の狡知《こうち》があった。田中角栄は、過激派の学生が訪ねて来ると、「今どき革命をやろうとは、なかなか見どころがある」と言って、就職を世話したりしたそうです。そう言われた青年たちは感激して、そのまま越山会青年部の活動家になっていった。そういう腹の大きさ、懐《ふところ》の深さがあった。なんだかんだ言いながら、日本列島から出られない一億人の日本人同胞たちは一種の運命共同体を形成しているのだから、助け合っていかなきゃいけないという考え方がまだ根強くあったんです。そりゃ、たぬき親父たちは嘘もつきます。でも、それは何か綱領的なものを実現するための嘘というより、とにかく何とかみんなが飯が食えて、平和に暮らせて、そこそこ金回りがよくなったら、それでいいじゃないか。細かいことをがたがた言うな。そのためには嘘もつくし、人も裏切る。そういう悪い親父たちが七〇年代までは日本社会を牛耳っていたんだと思います。僕らの世代はその親父たちにめちゃくちゃにやられた。そりゃ、歯が立ちませんよ。でも、やられた後で、この人たちにはとても勝てないけど、これだけ悪くて狡《ずる》い親父たちだったら、日本をそれほどひどいところには連れてゆかないだろうという「敵ながらあっぱれ」という評価があった。「政治や経済のことは、この悪いおっさんたちに丸投げして、俺は大学で学問でもやろう」ということができたのは、これほど悪賢い親父たちなら、アメリカやソ連や中国相手にも同じような狡知を駆使して、何とか国益を守ってくれるだろうという見通しが立ったからです。僕たちの世代が全共闘運動の総破産のあと、雪崩を打って非政治化して、文学やロックやビジネスに向かったのは、政治経済のことはこの悪い親父たちに任せておこうという諦めと安心感のないまぜになった感情があったからだと思います。

でも、この親父たちの世代が気がついたら日本の表舞台から消えてしまっていた。見渡してみると、なんだか顔がツルツルした人が出てきて、威張っている。最初のうちは、キャリアパスを這い上がってきた連中なんだから、顔こそツルツルしているけども、腹の中はしっかり黒いんだろう。口で言っていることと腹の中はずいぶん違うだろうと思っていました。でも、彼らと話すようになると、顔だけじゃなくて腹の中までツルツルだということに気がついた。彼らはもう二枚舌を使うというような高等技術は使えない。いつのまにか舌が一枚だけになってしまった。世代交代はゆっくりと進行するので、なかなか気づかないんですけれど、表層は変わっていないように見えても、ある日、気がついたら指導層の面つきが一変していた。語る言葉の重さや厚みを担保する現実経験がない。人間としての奥行きがない。自分の口にする言葉がどういう歴史的文脈の中で、どう解釈されて、どういう効果を発揮するかについて考え抜いた上で語っているのではない。思ったことをそのまま気分に任せて口に出している。安倍晋三はその典型ですね。

白井　その意味では、安倍さんは決して不誠実な人間ではない。

内田　ある意味で正直な人ですよね。

白井　そこが恐ろしいと思います。社会全体の「溜《た》め」がなくなったといわれますが、その表れの一つが、「悪い親父」や「食えないおっさん」がいなくなった、ということでしょう。例えば正力松太郎についての研究（有馬哲夫『原発・正力・CIA』〈新潮社〉など）を読むとむかつくけど、「まあしかし、この親父やっぱり腹は据わっているよな」と思うのもたしかなんです。正力は、CIAのエージェントだったという面もあるけれど、アメリカをうまく利用していた側面もあった。アメリカが思い通りに要求に応えてくれないと、読売新聞内の左翼的な記者にアメリカ批判の記事を書かせていやがらせをする。その駆け引きたるや、相当のものです。

ではそういう貫禄のあるたぬき親父、食えないおっさんが今はいるかと財界なんかを見渡してみても、全然見当たりません。ナベツネさんなんて相対的にマシな部類かもしれませんけれど、正力と比べたらお話にならないでしょう。社内をイエスマンばかりにしてしまって官報みたいな紙面しか作れなくさせてしまっているわけですから。

先ほどの田中角栄の話と構造は同じですよね。かつて自民党の議員秘書には、左翼党派出身者が多くいたという話を聞いたことがあります。それこそ「革命運動をやっていたなんて元気があって大いに結構じゃないか。その元気を活かしてもらおう」という姿勢です。つまり、かつての支配層には自信があったのだということでしょう。この連中が叫んでいるイデオロギーをわれわれは論破できる、と。古くは、勝海舟を斬りに行った坂本龍馬が反対に説得されて子分になったというような話と同じですね。そういうことをできる能力が「度量」などと呼ばれて、最も高い尊敬を受ける徳として認知されていた。今そんな発想ができる連中が権力中枢にいるとは思えません。そうでなきゃこれほどおかしなことにはなっていないでしょう。自信がないからイエスマンばかり並べるのです。最近までそういう古き良き徳を発揮していたのが、徳洲会の徳田虎雄さんでした。徳洲会病院には、共産党から右翼まで何でもござれで多数の元政治活動家が入っていたというのです。そしてご存じの通り、そのような組織を日本社会は許容しなくなっている。最近の徳洲会への断罪はそうした傾向の表れです。

日本の歪んだ右傾化

白井　そんな社会変化を背景にいわゆる右傾化が進行しているわけで、この現象は表層のスローガン的部分とその下部構造としての社会の在り方の変化との対応関係を見ていかなければならないと思います。それにしても、人間って学ばないものなのだなと切に思います。今はファシズム的な体制になりつつあると思いますけれども、ワイマール時代のドイツととてもよく似ています。中産階級が没落していくときには不安が蔓延します。不安なので何かにすがりたいと思う。そしてナショナリズムにすがる。フランクフルト学派による分析をはじめとして、あれだけ全体主義の社会的基礎と心理の分析がなされたのに、またしても同じ道を突っ走っているというのは、ある意味驚くべきことです。これほどまで本に書かれた通りのことが起こっていいものか、と。

ただし日本の場合その構造がかなりねじくれています。なぜなら根底に永続敗戦の構造があるから、というのが私の見立てです。

内田　ねじれてますね。どこでも敗戦国のナショナリズムはねじくれたものになってしまう。原理的に「すっきりしたナショナリズム」になれないんです。それは敗戦国民はなかなか「国を愛する」ということを言えない。それは「戦争を始めて、さまざまな戦争犯罪を犯し、あげくに負けたときの国のかたち」を肯定することに心理的抵抗が働くからです。でも、ナショナリズムが成り立つためには、自国のしたことについては、それが恥ずべき犯罪であっても、人類史に誇るべき貢献であっても、等しく受け容れることが必要だと思うんです。すべての国家的事績を「わがこと」として受け容れる国民だけが「すっきりしたナショナリズム」を享受できる。いいことだけを受け容れ、ろくでもないことについては知らぬふりをするというのでは、ナショナリズムにならない。

それは個人の場合と同じだと思うんです。自分が犯した愚行や、恥ずかしい失敗を認めて、「俺はそういうことをしかねない人間だ」という自己評価を引き受けたときにはじめて愚行や失敗の意味が解明され、同じ愚行や失敗を繰り返さない方途が発見される。「そんなことを俺はやっていない」と否認したり、あるいは「そういうふうに見えたかもしれないが、俺はそういうつもりでやったわけじゃない」というような見苦しい言い訳をすれば、個人としてのアイデンティティは成り立たない。

戦後の日本人はついにナショナリズムを徹底できなかった。左翼はナショナリスティックに見られることを神経症的に忌避してきたし、右翼は中韓に対しては排外主義的に振る舞うけれど、アメリカにはおもねるというダブルスタンダードを採用して平然としている。だいたい、外国の軍隊が国内に永続駐留している事態を右翼が別に「恥」だと思っていないということは日本以外の国では理解不可能でしょう。本来なら、右翼が反米・反基地闘争の先頭に立っているはずです。ナショナリズムというのはそういうことでしょう。でも、日本の右翼は反米闘争をしない。左翼が反米で、右翼は親米。

白井　いま反米右翼というのは鈴木邦男さんの一水会ぐらいじゃないでしょうか。

内田　敗戦国のナショナリストが敗戦後に最初に言うべきことは「次は勝つ」です。臥薪嘗胆《がしんしょうたん》・捲土重来《けんどちょうらい》です。日本の場合なら、「次はアメリカに勝つ」です。どんなことがあっても、これはナショナリストなら意地でも言わなきゃならない言葉です。「次にアメリカに勝つ」ためにはどうすればいいのか。そこから戦後の思考は始まるべきだったと思います。そのためには「なぜ負けたのか」を徹底的に精査しなければならない。戦前・戦中の日本の統治経済システム、テクノロジー、ロジスティックス、エネルギー戦略、植民地経営、教育制度、家庭制度、すべてを洗い出して、何が敗因だったのか、どこに制度上・運用上の瑕疵《かし》があったのか、徹底的に究明することしか「なぜ負けたのか」という問いには答えられない。戦争の全工程を精密にシミュレートして、どの時点で、どのような戦術的判断をしたのか、それがどういう結果を生み出したか、そういうテクニカルな戦史研究をクールに行なう。あるいは、どの時点にどういう外交的な選択肢があったのか、それを調べる。四二年のミッドウェー海戦で海軍が壊滅的な敗北を喫したあと、すでに木戸幸一内大臣や吉田茂は講和の手立てについて相談を始めています。もし、そのときに水面下で講和が進められて、それが奏功していれば、絶対国防圏を破られた後の大量の戦死者も本土空襲の死者も広島、長崎の原爆の被害者も出ずに済んだ。たぶん戦死者の九〇%は死なずに済んだということです。歴史にもしもはないと言う人がいますが、僕はそう思わない。「もしもあのとき、あの選択肢を採っていれば」という非現実仮定に立って「もしかすると起きたかもしれないこと」を想像するというのは、今ここにある現実の意味を理解する上で、きわめて有意義なことなんです。

イタリアは四三年にムソリーニが引きずりおろされて、バドリオが首相になり、国民に対しては「戦争を継続する」と言っておきながら、水面下では連合軍と講和交渉に入りました。その後、ムソリーニが北イタリアに建国したドイツの傀儡《かいらい》政権との間でイタリア人同士が戦うという内戦が起きましたけれど、このときのバドリオ政府が講和をせずに、南北二つに分裂したイタリア軍が連合国と全土で戦うことになったら、イタリアはドイツや日本と同じように、あるいはそれ以上に焦土化していたかもしれない。ミラノやフィレンツェは爆撃で破壊されていたかもしれない。僕たちが知っている世界とは違う世界になっていたかもしれない。そういうふうに一つ一つ見ていかないと、戦争における個別的な出来事の評価はできない。

戦後日本はそのようなリアリスティックな戦争経験の評価を行なうべきだったのです。そうして緻密に敗因を分析した結果、「次にアメリカと戦争しても必ず負ける」ということがわかり、「アメリカに二度と負けないためには日米同盟しかない」という結論が出てくるのなら、それはそれでよいのです。そのようにして、主権国家が国益を配慮した上で、いわば算盤尽《そろばんず》くで選択した「日米同盟」であるなら、いいのです。そういう同盟関係であれば、政治家も政治学者たちも「日米同盟以外にどのような外交の選択肢があり得るか?」という問いをつねに考えているはずだからです。でも、今の日本の政治家でも官僚でも政治学者でも「日米同盟以外の外交戦略はあり得るか?」という問いを自分に向けている人はいません。一人もいない。僕が前に会ったある政治学者は僕がその問いを向けたときに、そんなことを考える人間がこの世にいると信じられないという驚愕《きょうがく》の表情を示しました。でも、これはおかしいでしょう。イギリスの政治学者に「アメリカとの同盟関係以外にイギリスにはどのような外交戦略があり得るでしょうか?」と聞いたら、「そうですね……」と腕組みして、いろいろな可能性について検討するでしょう。ドイツの政治学者に「EU以外にドイツにはどのような外交戦略があり得るでしょうか?」と聞いても、たぶんクールにいくつかの選択肢についてその適否を検討してくれるでしょう。「日米同盟以外の外交戦略」について考えない、考えられないのは日本の政治学者だけです。それはあるトピックについては選択的に思考が停止しているということです。

なぜか、それは戦後日本が「臥薪嘗胆・捲土重来」という歴史上すべての敗戦国が採択してきた最も標準的な「負け方」を拒否したからです。「どうやったら次はアメリカに勝てるか」というような問いの立て方そのものがタブーになった。それがタブーになるほど負けたのです。この敵と再び干戈《かんか》を交えるという状況を想像できないほどに徹底的に負けた。だから、日本にはナショナリストがいないのです。ナショナリストが生きることができない国なのです。外国軍の基地が国内に半永久的に存在することを「変だ」と感じない人たちを僕はナショナリストと呼ぶことはできません。

先ほどの白井さんのお話にもありましたが、僕は台湾に行ったときに驚いたことがあります。蔣介石の巨大な像が台湾海峡をきっとにらみつけている。この像は「いつか大陸反攻するぞ」という台湾の決意を表象している。もちろん、大陸反攻は軍事的には不可能事ですし、台湾の人たちも大陸とのビジネスに忙しいから、今さら軍事衝突なんか誰も望んでいない。それでも、主権国家としての台湾は「次は中国に勝つ」というマインドを手ばなしていない。その国是をつねに参照しながら、とるべき外交政策を吟味している。僕はこれが主権国家のかたちだと思います。「次はアメリカに勝つ」ということを国の根本に据えた上での同盟関係であれば、アメリカとの同盟関係はずっと深みのあるものになっていたでしょうし、戦争経験の総括も、隣国に対する戦争責任の引き受け方も筋目の通ったものになっていたでしょう。

こういう僕の言葉を笑う人は、今のアメリカにとって最も近しいパートナーであるイギリスがアメリカと独立戦争と米英戦争と二度にわたって激しい戦争をしていたことを思い出してほしいし、EUの要をなす同盟国ドイツとフランスが過去一五〇年の間に三度（普仏戦争、第一次、第二次大戦）も凄惨《せいさん》な殺し合いをしてきたことを思い出してほしい。イギリスは「アメリカには勝てない」と思って従属的に同盟関係を結んだわけではないし、ドイツは「フランスには勝てない」と思って従属的に同盟関係を結んだわけではありません。それぞれ「次は勝つ」方途を探しているうちに、「同盟関係を結ぶ方が戦争するより国益に資す」という政策判断を下したからそうしたのです。だから、この同盟関係は堅牢なのです。日米同盟はそれに比べるとはるかに脆弱です。「日米同盟以外あり得ない」と言い募っている人たちはその外交関係が日本が従属国であるから「しかたなく」選択されたものであって、主体的に選び取られたものではないということから眼を逸らしている。主体的に選び取られていない外交関係にどれほどの信頼が置けるか、少し考えてほしいと思います。

二〇一三年に広島で行なわれた講演会で、アメリカの映画監督のオリバー・ストーンが「日本はアメリカの衛星国（satellite state）であり、従属国（client state）である」と断言しました。日本の政治家はかつていかなる大義名分を代表したこともないとも言い切りました。アメリカの政策に追随する以外に、国際社会に向けて発信するいかなる構想も持っていない国だ、と。でも、このスピーチを日本の新聞はどこも報道しませんでした。もし新聞社が「それは日本に対する侮辱だ」と思うなら、記事として取り上げてきちんと反論すべきでした。でも、無視した。そんな話は「なかったこと」にしようとした。世界中の国が日本はアメリカの属国だと思っていて、日本だけが自分は主権国家だと思っている。このような奇妙なことになったのは、すべて七〇年前の敗戦の総括ができていないことに起因するのだろうと僕は思います。

白井　おっしゃる通り、これほど奇妙な敗戦国は世界史上類を見ないのではないかと思います。負けた原因をきちんと精査できなかった第一の原因は、戦前から連続する支配層が、「お前のせいじゃないか」と責任追及されることから逃れたことに求められるでしょう。その後は冷戦構造の中でアメリカ陣営に付いて、かつての敵をこれからは仲間なんだということにした。これが敗戦の責任を有耶無耶《うやむや》にするメカニズムです。

ただ、戦後何十年かまでは、自分たちが敗戦国だという意識があったと思うんです。私が物心ついたのは八〇年代ですが、私の世代になるとほとんど意識できなくなっていました。アメリカはともかくとして、例えばソ連と中国についてです。第二次大戦では中国もソ連も戦勝国で、日本は敗戦国なんだけれども、どうも負けたように見えない。圧倒的にわれわれの方が良い暮らしをしているという状態ができたからです。

さらに状況が大きく変わったのはソ連の崩壊でした。ソ連が崩壊してしまうと同時に、日本はアメリカから見て、助けてあげるべきパートナーから収奪の対象に変わった。「育てた子ブタは丸々と太ったからおいしくいただきましょう」というモードに入るわけです。アメリカは基本的にアメリカの国益しか考えないのですから、こうした変化は当然のことです。

大学時代に先輩からこんな話を聞きました。働いている大手予備校の同僚に、防衛庁を辞めて予備校教師になった人がいるというんです。辞めた理由というのが、ソ連崩壊の直前期にこれからの仮想敵国はアメリカだというレポートを書いたからだと。アメリカが慈悲深い存在であり続けるという妄想を共有しない人間は、みな排除されてしまうのです。

内田　二〇〇八年に行なわれた韓国の陸軍士官大学の卒業生たちへのアンケートでは、仮想敵国ナンバーワンはアメリカでした。新兵の七五％はアメリカに対して「不快感」を持っているということも報道されました。でも、その韓国軍の戦時作戦統制権は在韓米軍司令官が持っています。つまり、北朝鮮と戦うときには、つねに韓国軍と米軍は共同作戦を取ることが決まっている。実際に戦争が起きたら最も頼りになるはずの同盟軍に対して、韓国の軍人たちは信用を置いていない。信用を置いていないし、好きでもないということを公言している。でも、軍略的には米韓両国にとってこの同盟関係は相対的に「よりまし」なものだから採択されている。こういうのが主権国家の「ふつう」の態度だと僕は思います。別におべっかを使う必要はないし、「思いやり予算」を付けることもしない。相互に利用価値があるから利用し合う。それ以上のことを望まない。それが本来の外交でしょう。

対米従属が生きる道と信じる人たち

内田　戦後日本の国家戦略は「対米従属を通じて対米自立を果たす」という大変にトリッキーなものでした。何度もあちこちで書いていることですけれど、僕はこれを「のれん分け戦略」と呼んでいます。丁稚《でっち》が手代、番頭、大番頭と出世して、ある日大旦那《おおだんな》さんに呼ばれてこう言われる。「お前も長いことよく忠実に仕えてくれた。ありがとうよ。これからはもう一本立ちして、自分の店を持ちなさい。明日からはお前も一国一城の主《あるじ》だ」。そういう展開を日本人はアメリカに対して期待しているんです。政治家も官僚も学者もメディアも。みんな、そう信じている。

これはあるいはかつて中華皇帝に朝貢していた華夷《かい》秩序の辺境国として、身にしみたマインドなのかもしれません。宗主国に対して「従順なふり」をしていると「いいこと」がある。臣下の礼を取っていると、中華皇帝からさまざまな下賜品が下され、「王」の位を賜り、自分のいるあたりの辺土は自治して構わないという一札が頂ける。

そのコスモロジーがいまだに日本人の中にはしみついている。

白井　ところが困ったことに今はグローバル資本主義の時代になって、周縁的領域だからどうでもいいやというふうに放っておいてはくれません。やれTPP（環太平洋戦略的経済連携協定）に入れとか、司法制度をアメリカ流に改革しろだとか、無茶なことを押し付けられる。日本の有権者を見ていてほんとうに唖然・茫然とすることが多いんですけれども、二年前の選挙のときもTPPについて「聖域なき関税撤廃ということになったら、われわれは交渉から撤退する」と自民党は公約した。こんなスローガンを信じる人間がこの国にたくさんいるということにあらためて衝撃を受けました。今まで自民党が公約をどう扱ってきたかを見れば、公約が守られないのは自明です。かつて「大型間接税は導入しません」と言いながら、選挙が終わったとたんに「消費税をやります」とかありましたね。間接税は国内の問題に留《とど》まっているわけですが、TPPは国内に留まらない。アメリカの帝国主義のお先棒を担ぐことを自民党がやっているわけです。

でも、これって日本の保守支配層のお家芸、伝統的な行動様式だなと思います。絶対に勝てない太平洋戦争にズルズル入っていって、ミッドウェー海戦以降早く降参するしかないのに国体護持の方策を考えて小田原評定を繰り返している間にぐずぐず長引かせた。戦死者三〇〇万人のうちの二〇〇万人は最後の一年で死んでいます。国体護持という言葉は何やら荘重な響きがありますが、内実は、支配層の自己保身を言い換えただけにすぎません。日本の支配層は、自分たちの保身のために自国民、それも前途ある若者を中心に二〇〇万人も見殺しにした。今回のTPPでも同じことをやるでしょう。彼らは自己保身のために、日本の有形無形の富を、最後の一片に至るまで切り売りするつもりでしょう。

内田　もちろん自己保身のために国を売る人たちもいるでしょうが、TPPにはなんだかもう少しパセティックな理由があるような気がします。自己破壊というか破局願望というか。日本人て、けっこう「全部ぐちゃぐちゃになる」という状態が好きなんですよ。制度をちょっとずつ手直しするより、一回全部壊して、ゼロから作り直す方が好きなんです。

一九二二年に山縣有朋が死に、田中義一が二九年に死んで、戊辰戦争以来陸軍を支配していた長州閥が終わります。それまで陸軍は長州出身者のための特権的なキャリアパスがあったわけですが、それがなくなる。すると、その空隙《くうげき》を狙ってそれまで冷や飯を食わされてきた軍人たちが一気に陸軍上層部にのし上がってくる。これがほとんど「旧賊軍」の藩から出てきた人たちなんです。相沢三郎は仙台、相沢に斬殺された永田鉄山は信州、東条英機は岩手、石原莞爾は庄内、板垣征四郎は岩手。いずれも藩閥の恩恵に浴する立場になかった軍人たちが一九三〇年代から陸軍上層部に駆け上がってきます。

だから、あの戦争があそこまで暴走したのは、「賊軍のルサンチマン」が少なからず関与していたのではないかと僕は思っています。結果的にこの人たちが戊辰戦争から七五年かけて薩長勢力を中心にして築き上げてきた近代日本のシステムを全部壊すことになった。大日本帝国に対する無意識的な憎しみがないと、なかなかあそこまではいかないのではないか。戦争指導部はたしかに多くの戦術的失敗を繰り返しましたけれど、それほど無能な作戦立案者や司令官を輩出させたというところに、僕は無意識的な悪意を感じずにはいられないのです。彼らはどこかで日本全体の国益を見失って、もっと「狭い」何かに殉じようとした。だいたい、皇道派と統制派の戦いというのは、ポスト争いですからね。ふつうの会社でも、派閥はあるし、ポスト争いもある。でも、人までは殺さない。軍内部の人事異動（直接には真崎甚三郎教育総監の更迭）の「黒幕」だという風説を信じて相沢三郎は永田鉄山を斬殺した。それだけ教育総監というポストは重要なものだった。それは統帥権の中枢にかかわるポストだったからです。

白井　相沢事件は思想的な背景の影響が強い事件じゃなかったんですか？

内田　ポスト争いなんですよ。教育総監というのは帷幄上奏権《いあくじょうそうけん》を持つ枢要なポストなんです。統帥権というのは、ご存じの通り、戦略の決定、作戦の立案、軍の組織編制・人事職務の決定にかかわる権限です。憲法上、形式的には天皇に属するけれども、実際には軍内部で案を作って上奏し、それがそのまま裁可される。これが帷幄上奏権と呼ばれ、この権限を持つのが陸軍参謀総長、海軍軍令部総長、陸海軍大臣、そして陸軍教育総監です。帷幄上奏によって軍事にかかわるすべての勅令は下り、政府も帝国議会もこれに介入することができなかった。軍の組織や予算に手を着けようとした政治家たちはことごとく「統帥権干犯」として、つまり天皇の大権を侵すものとして軍と右翼の攻撃を受けた。戦前は軍事費が国家予算の五〇〜七〇％を占めていたわけですから、帷幄上奏権保持者は事実上総理大臣よりも大きな権力を行使できたわけです。その総理大臣より上のポストに、軍内部での「出世競争」を勝ち抜きさえすれば達することができたわけです。ポスト争いが熾烈になるのも当然です。受験秀才として陸士陸大を首席に近い成績で出れば、この帷幄上奏権に手が届く。長州閥がなくなった陸軍は、皮肉なことに、戦前日本で最も「能力主義」なキャリアパスが用意されていた組織だった。勉強さえできれば出自は問われなかった。だから、ほかの分野では政治家としても、官僚としても、学者としても、財界人としても、キャリア形成に大きな困難を抱えていた「旧賊軍」の子弟が数少ない社会的上昇のチャンスを求めて陸軍に殺到したというのは、実は合理的な選択だったのです。

この人たちはたしかに陸軍部内での出世競争には異常な執着を示しましたが、それは日本の国益を増大したいとか、烈々たる愛国心に駆られてというのではなかったと思います。むしろ、雌伏半世紀でようやく「薩長藩閥に借りを返す」機会が訪れたというふうに感じていたのではないか。薩長が作った明治の体制を一度根本から作り替えなければならない、こんなシステムは一度壊さなければならない、そう思っていたのではないか。この人たちが満州事変を起こし、昭和維新を呼号して二・二六事件を起こし、日中戦争を始め、対米戦争を始めた。

この一連の動きの中に、日本の明治以来の統治システムへの敬意や山河に対する深い哀惜を、僕は感じることができません。日本軍国主義というのは、のぼせ上がった軍人たちが、その権力欲と愚鈍さゆえに国を滅ぼしたというよりも、むしろ彼ら自身の心のどこかに「こんな国、滅びたっていい」という底なしのニヒリズムを抱えていたのではないか、僕にはそんなふうに思えるのです。口には出さなかったけれど、昭和維新を目指した人々は天皇をひそかに憎んでいたのではないか。彼らの父たち兄たちは、半世紀前にまさに「朝敵」の汚名を着せられ、天皇の名において殺されていったからです。「勤王」の赤誠を以《もっ》て仕えたのに、天皇に見捨てられたという事実をトラウマ的な経験として抱え込んだ「旧賊軍」の陸軍軍人たちが、天皇に素朴でストレートな敬愛の念を寄せていたと僕は思わない。

白井　ものすごい獄中手記を書いて後に三島由紀夫に深い影響を与えた磯部浅一という二・二六の中心人物がいますね。彼の場合、北一輝のイデオロギーが入っているから、天皇機関説でもあるんですけれども。軍旗だとかそういうものに対するフェティシズムは皆無で、むしろ部下たちに「軍旗を否定しろ、軍閥を否定しろ」と言っていたわけですね。そして獄中で天皇を叱りつける遺書を書いた。後に昭和天皇は回想録でこう言っています。戦争の拡大を自分が強引に止めれば、自分は殺されただろう。自分は殺されてもいいが、そうすると二・二六のクーデターみたいなものが起きて、ああいう連中が国を握ることになっただろう。そうしたら、太平洋戦争どころじゃないどうしようもない戦争をやって、途轍もなく大変なことになると思った、だから自分としてはそういう勢力を抑えながらやってきた、と。かなり自己保身、自己弁護的なところはありますけれども、ポイントはついているように思うのです。つまり、もし磯部大尉のような徹底した勢力が太平洋戦争を指揮していたらどうなったか。本土決戦まで進んで、国体は消滅していたんじゃないでしょうか。

内田　二・二六には反天皇制的なものが感じられますね。憎まれている側からすると、その匂いは感じ取れたはずです。青年将校の側には「あるべき天皇像」があり、「あるべき天皇像」の名において、「君側の奸臣《かんしん》」によって道を誤っている現実の天皇を否定する。でも、そのロジック自体に作りものめいた感じがあります。現実の天皇を否定するために、あえて超越的な天皇像を作ってみせた。だから、生身の天皇としては、軍人たちからリアルな憎悪を感じ取ったのだと思います。

薩長土肥の藩閥というのは、「あいつは子どものときに隣町にいて、人間よく知っているから」というようなコネクションで、身内を引き上げてきたりしたわけです。でも、人間関係のしがらみで作られた統治システムには、それゆえの節度がある。人間を知っているとか、こいつには頭が上がらないとか、こいつは絶対信頼できるとか、そういうパーソナルで情緒的な要素で統治機構の中に入り込んでいる。人間的つながりに基づいた組織はイデオロギー的に暴走するということはない。超越的な天皇像を掲げる軍人たちが薩摩藩閥の海軍からは出てこないで、受験秀才であれば出世できた陸軍に出てきたのは、そのせいじゃないかと思うんです。表層的には天皇制イデオロギーが過激化したものと見られますけれど、無意識的な層には戊辰戦争・明治維新以後の近代日本の統治システム全体を否定しようとする暗いルサンチマンがあったのではないか。

これは戦後の日本人がいちばん認めたくなかったことの一つだと思うのです。あのような無謀な戦争をしたのは「実は日本人が日本を憎んでいた」という可能性を僕の知る限り戦後日本の知識人が吟味した形跡はありません。丸山眞男でも、そこまでは書いていない。でも、あの自滅的な戦争にはどこかに破局願望がある。僕はそれを感知します。

戊辰戦争から敗戦まで、帝国政府は東北のコントロールに失敗してきました。今でも失敗し続けている。僕は四代前が庄内藩、三代前が会津藩という濃密に東北人の血筋ですから、家族の中に流れていた反権力・反中央の暗い情念は実感としてわかるんです。父や伯父たちに取り憑いていた「東北の人間はこの世の中では決して浮かび上がれない」という虚無感は僕の世代にまで無言のうちに伝わっていましたから。でも、そのルサンチマンが戦争を駆動していったという仮説はうかつには口に出せない。そんなことを言ったら、東北人に対する国民の憎しみを掻《か》き立てることになるし、明治維新以来の中央政府による東北差別を逆に正当化することにもなりかねない。

現に、戦後も、福島原発事故処理に至るまで、東北はつねに中央から見捨てられ続けてくるわけです。だからこそ、日本人が日本を憎んでいるという仮説はタブーになるしかない。

白井　なるほど。二・二六に関する本を読んでいて驚いたのは、彼らのマインドセットがボルシェヴィズムから影響を受けていることでした。彼らの少なくとも一部は、レーニンが書いたパンフレットを読んでいました。どういうところを占領しなきゃいけないとか、かなりプラクティカルなものです。本気で壊そうとしているから、共産主義の文献も躊躇なく採用できたということなのでしょう。

破壊衝動ということの関連で言いますと、佐藤健志さんが『震災ゴジラ！』（VNC）で、二〇一一年三月一一日、ついにゴジラがスクリーンから出てきた、というふうに書いています。第一作の『ゴジラ』に投影されているのは何なのかについて、いろんな評論家が語ってきましたが、佐藤さんは、シリーズでしつこくゴジラが日本を破壊してきたのは、実は日本人がそれを待望しているからではないか、それが三・一一で実現してしまったんじゃないかと書いています。私はすごく納得しました。佐藤さんは保守の立場で、日本人はそういう欲望を持っている、だから何とか内なるゴジラを抑えながらやっていくしかない、というふうに結論しています。立場は違いますが私の『永続敗戦論』と似ています。

内田　ゴジラは日本人の罪責感と自己処罰の欲動を形象化したものですよね。ゴジラは繰り返し日本を襲うけれども、それは近代日本のシステムが作り上げられる過程で暴力的に抑圧されてきたもの、死者たちの怨み、失われた伝統、穢《けが》された山河、そういった近代日本を作るために日本人が捨ててきたものによる復讐譚として解釈することが可能だと思うのです。反近代・反中央・反都市・反文明というさまざまな「反」がゴジラという形象をまとって近代日本を破壊するために登場してくる。だから、心性史の流れの中では明治以来の日本人が作り上げてきたものを叩き壊そうとした「旧賊軍」と機能的には近いのではないかと僕は思います。

僕は靖国神社が一つのポイントだろうと思うんです。みんな靖国というとA級戦犯の合祀《ごうし》問題を指摘しますが、もっと深い問題がある。それは靖国神社が戊辰戦争の官軍の死者を祀《まつ》るためのものであって、賊軍の兵士たちの鎮魂のためのものではなかったということです。神道の伝統から言うなら、滅ぼされた側の人間が「祟《たた》り神」にならないよう祀るのが当然です。崇徳上皇も菅原道真も平将門も、それが怨みを残して死んだからこそ祭神として祀って、呪鎮《じゅちん》した。政治的戦争の勝者の陣営の死者だけを祀り、敗者を朽ちるに任せたというのは、日本の宗教的伝統からの逸脱です。もし、明治維新のあと、日本人全体が戊辰戦争で斃《たお》れたすべての死者たち、日本が甦《よみがえ》るために戦って死んだ人々のために、敵も味方もなく哀悼の涙を注ぎ、その鎮魂を願うということをしていれば、ゴジラは出現してこなかったという気がします。

日本の近代化が失敗した理由

内田　近代日本の最初のボタンの掛け違いは、戊辰戦争の総括だったと僕は思っています。あのときに敗者の処遇を過ったことによって、それからあと近代日本には「怨《おん》霊《りょう》」のようなものが取り憑いてしまった。だって、いまだに「あなたはどちらの藩ですか?」という話をするわけですよ。戊辰戦争から一五〇年経って、まだどこの藩であるかが問題になる。僕は庄内藩士の子孫ですが、同じ山形県内には庄内空港と山形空港があります。前に地元の人に「どうして車で二時間のこんな近いところに空港ができたんですか?」って聞いたら、なぜそんな当たり前のことを聞くのかという顔で「藩が違う」と言われました。東京にいると気がつきませんが、東京以外のところではいまだに藩が地方行政の本質的な区切りなんです。

二五年前に東京から関西に来ていちばんびっくりしたのは、「○○弁」がいっぱいあることです。泉州弁、河内弁、岸和田弁、神戸弁、姫路弁、加古川弁……。どこが違うのか、僕は聞いていてもぜんぜんわからないんだけれども、当人たちはまるで違うと言い張る。よくよく調べると、「弁」の違う地域は江戸時代の藩が違うんですよね。旧藩の差異は現代日本でも方言と食文化と祭祀の違いとして残っている。「加古川のイカナゴのくぎ煮と姫路のイカナゴのくぎ煮は味がぜんぜん違う」みたいなことを地元の子たちは言い張るわけです。そんなトリビアルな違い、僕にはわからないけど、その差異化の力学は今でも活発に働いて、差異を再生産している。廃藩置県からもう五世代経っていて、まだ藩意識が抜けない。県民意識なんてない。兵庫県民としての固有の県民性とか、固有の食文化とか、固有の言語なんか存在しない。あるのは藩由来の文物だけなんです。

僕はこういうかたちで近代化の齟齬《そご》がかたちになって表れているんじゃないかと思う。だって、「藩」という言葉が使われ始めたのは幕末になってからなんです。それまで藩という言葉は一般日本人の語彙《ごい》にはなかった。一部の漢学者がもったいぶって術語として使っていただけなんです。それまで自分の住んでいるところをなんと呼んだかというと、「くに」と呼んでいたわけです。「日本」という概念はほとんど定着していなかった。だから、近代化の過程で、勝海舟とか坂本龍馬が遊説するときの主題が「日本」だったんです。「くに」からテイクオフして、それらを包括する上位概念としての「国民国家」というものを受肉させなければ近代化は成し遂げられない。だから、幕末において「くに」から「国」へのシフトは最重要の思想的・政治的課題だったわけです。そのときに、「藩は藩でまあ、そういう生活実感に基づいた政治単位が残ってもいいじゃないか。それらを包括する統合的な装置として日本国というものがある、と。そういう話でどうですか?」というふうに持っていけば、あるいは日本の近代化はそれほど暴力的な段差を経験せずに、もう少し円滑に進んだかもしれない。でも、明治政府は強権的に二七〇の藩を潰して、府県制度に改編した。最初は旧藩をそのまま残したので、三府三〇二県あったけれど、五年後の明治九年には三府三五県まで、およそ一〇分の一にまで行政単位が統合されてしまった。それによって、中央集権的なトップダウン・システムを作ろうとした。いくらなんでも統廃合の度が過ぎたので、多少の補正があって、現在のような行政単位になりましたけれど、この区切りは発生的には中央集権的な統治に最適化した仕組みなわけで、住民たちの同郷意識や文化的なまとまりに配慮したものではない。戊辰戦争以来、近代化というのは生活者たちの生活文化や規範や儀礼や祭祀と無関係なところで、それを押し潰すようなかたちで進行した。その過程で、戦った者たちの間での過去のいきさつを水に流して、ともに国家建設のために手を取り合おうという「和解の儀礼」がついに行なわれなかった。そのときに知恵のある人が政府の要路にいて、奥羽越列藩同盟との国民的和解が必要だということを強く訴えていれば、こんなことにはなっていなかったんじゃないかと思います。

白井　私はずっと関東ですけれども、関東に暮らしていると藩の意識みたいなのはまったくありませんよね。なぜか東北それから関西では非常に強い。そう考えると、日本は中央集権化が進んだ国だと思えるのは、実は一部だけなのかもしれませんね。

内田　東北が強いですよ。敗軍のルサンチマンは深いですよ。自分たちは賊軍の末裔だから、どんなに努力しても社会的上昇の機会が制約されているのだということは、東北人のベースにあるんです。原敬が奥羽越列藩同盟の藩士出身の最初の宰相ですけれど、彼の号は「一山」です。「白河以北一山百文」という東北の無価値を侮った俗《ぞく》諺《げん》から採ったのです。原がついに爵位を受けずに「平民宰相」と言われたのは、別にデモクラティックな立場からそうしたのではなく、薩長政府からの爵位など受け取れるかという敗軍の意地だったのです。

東北人にとってとりあえず社会的栄達のための方法は受験秀才になるしかなかった。学歴については明治日本は民主的でした。勉強さえできれば、賊軍の子弟でも社会的上昇のチャンスがあった。だから、内田家の家訓はひたすら「勉強しろ」でした。父が子どものときまで山形の鶴岡にいたのですが、旧藩士たちが集住していた地域で、父の家は「内田の勉強屋敷」と呼ばれていたのだそうです。内田家の男子は日がな一日外にも出ずに勉強ばかりしていたので、その異名がついたそうです。ビジネスで成功したり、華やかな官途に就いたりするためには、どうしても「コネ」が必要ですけれど、敗軍にはそんなものがない。だから、こつこつ勉強して高学歴を手に入れるか、柴五郎やのちの統制派・皇道派の青年将校たちのように軍歴を重ねるかの、二つくらいしかキャリアパスがなかったのです。

白井　そう考えると、なんというか、根が深いですね。

内田　長いでしょう？　長い歴史があるんです。戊辰戦争からですから。

白井　しかも、このようなねじれは、福島第一原発の事故と東日本大震災の復興問題を通じて、一挙に表面化してきました。

右傾化と金儲けの親和性

内田　最近の日本は「右傾化」したと言われますが、僕はむしろ「シンガポール化」と呼びたい。政治家も官僚もエコノミストも、モデルはどうもシンガポールのようです。シンガポールが東アジアで最も成功した資本主義国家だと思われている。たしかに、その見立ては正しいのです。シンガポールは国是が「経済成長」ですから。統治システムも、教育も、メディアも、すべての社会制度が「経済成長に資するか否か」を基準に適否の判断がなされる。わかりやすい国です。民主主義は経済成長にプラスにならないと判断されたので、建国以来一党独裁が続いています。国内治安法という法律があって、反政府的な人物は令状なしで逮捕拘禁することができる。労働組合は政府公認のものしかない。大学生は入学に際して「反政府的な意見を持っていない」ことを示す公的な証明書の提出を義務づけられている。反政府的なメディアは存在しない。リー・クアン・ユー一家が首相ポストを世襲し、国有企業を支配している。きわめて効率的なトップダウン・システムです。だから「世界で一番ビジネスがしやすい国」だと言われる。そのシンガポールをモデルにして日本の制度も全部作り替えればいいじゃないかと思っている人たちが現在の安倍政権の熱烈な支持層を形成しています。特定秘密保護法とか、集団的自衛権の閣議決定とか、自民党改憲案の「非常事態」の適用による独裁制の合法化とか、あるいは学校教育法改定による学校の「株式会社化」などもすべて「日本のシンガポール化」の流れだと言ってよいでしょう。だから、彼らを「右傾化している」と呼ぶのは見当違いなんです。彼らは別に戦前の大日本帝国のような日本を作りたいんじゃない。シンガポールみたいにしたいだけなんです。金儲けだけに特化した社会の仕組みにしてほしいので、民主主義は邪魔なだけなんです。

白井　はい。今の政治で目に付く傾向は二つあって、右傾化と新自由主義化であると。そのうちのどっちが優越した要素なのだろうと考えてみると、新自由主義化なのでしょうね。新自由主義は本質においては「国籍なき資本のイデオロギー」であるにもかかわらず、日本の文脈ではナショナリズムと親和性が高い。安倍総理は、「瑞穂の国の資本主義」なる珍妙なことを言っています。なんでも、日本の資本主義は英米型の弱肉強食型資本主義とは違ったものであって、そのシンボルが美しい棚田なんだそうです。それで美しい棚田を守りたいとおっしゃっている。もう笑うしかないのですが、政権の推進しているTPPの価値観からすれば、棚田は単に非効率な農地でしかない。こうした明け透けな矛盾を犯しながら平気な顔をしています。正気が疑われる状態です。

なぜこんな無茶苦茶が成り立ち得るのか。それは、経済成長という命題が、戦後日本で担ってしまった過剰な意味づけの帰結なのではないでしょうか。戦後の日本って、たとえて言うなら、『ドラえもん』におけるスネ夫みたいなものなわけです。ジャイアンに取り入って、「僕ん家は金持ちなんだぜ」と威張ってのび太をバカにしている。でも、スネ夫のお父さんの会社が破産したらどうなるか。これは深刻な事態ですね。骨川家が貧乏になったら、スネ夫のアイデンティティは崩壊してしまう。だから何がなんでも経済成長を続けなきゃいけない。そのためにはシンガポールみたいな警察国家になってもいいんだ、というのが現在の日本なのでしょう。もともとは幸福になるために経済成長するはずだったのに、それが自己目的化して、経済成長のためならどんなに不幸になってもいいという倒錯した心情がある。

ですから、先ほど話題に出たオリバー・ストーン監督の言葉はほんとうに深刻ですよ。経済成長が終わった後――国内の低廉な労働力人口のプールを使い果たした時点でずっと右肩上がりの状態は確実に終わるわけです——、この国は何を提示できるのか。何も提示できていないではないか。ほんとうに何もないのです。しかも、その事実を直視することもできていないから、近視眼的に「効率、効率！」と喚《わめ》いている。

内田　民主主義というシステムは意思決定に時間がかかるんですよね。それが経済活動においては大きな障害になる。だから、すべての社会制度から民主制の残滓《ざんし》を一掃したいというのがグローバリストの夢なんです。

でも、デモクラシーというのは原理的に物事の決定を遅らせるためのシステムであって、てきぱきと最適解を出すための仕組みじゃない。意思決定が遅いので、民主主義体制では国が滅びるときも緩慢にしか滅びない。逆に、独裁システムは急成長する代わりに、一夜にして滅びる。そういうものなんです。原理的にどちらがいい悪いということはない。でも、国のかたちとしてどちらが望ましいかというと、ゆっくりとしか「いいこと」が起きない代わりに、「悪いこと」もゆっくりとしか起こらないというのは、その国の中で生き死にする生活者としてはより「まし」だと思うんです。

株式会社なら、ＣＥＯが全権を掌握して、トップダウンで独裁的に物事を決めても、想像し得る最悪の事態は倒産であって、従業員は失業し、株主は大損をしますけれど、誰も命まで取ろうとは言わない。失業者は次の仕事を探せばいいし、株主たちはそもそも「博打」をしているわけですから、負けて文句を言う筋合いじゃない。でも、国の場合はそうはゆかない。独裁者に国政の決定権を丸投げしたら戦争を始めてボロ負けしたという場合に、その責任は国民が取らないといけない。現に日本がそうであるように、独裁者たちがとっくに鬼籍に入った後でも、その三代四代後の国民たちが相変わらず隣国への戦争犯罪のいつ終わるともしれぬ謝罪を続け、戦勝国は国土を不当に占拠したまま帰ろうとしない。失政のツケはそういうかたちで「無限責任」として国民に課せられる。国というのはそういうものです。たかだか出資者の出資分が消えるのが最大のロスである株式会社のような「有限責任」組織をモデルにして国を制度設計できるはずがない。無限責任体である国家を、有限責任体である株式会社をモデルにして作ることはできない。そんなのは当たり前の話なんです。でも、「シンガポール化」論者たちにはその理路がわからない。民主制は効率的に金儲けする上で邪魔になるからなくした方がいい、と。本気でそう思っている。民主制は物事の決定を遅らせるための仕組みなんです。それこそが民主制の取り柄なんです。でも、そういうふうに考える人はもう現代日本では少数派でしょう。

二〇一三年の参院選挙でも、自民党と共産党が選好されて、民主党が嫌われた。新聞の社説の論調を見ていると、非とされた理由は党内抗争があって、意思統一がなされていないからです。自民党も共産党も一枚岩の政党です。トップがすべてを決めて、その指示が上意下達される。そういういわば非民主的な政党です。それが「いい政党」だとメディアは言い、有権者もそう思っている。「ねじれの解消」というのもそうです。それは要するに「衆議院と参議院の政党比率が同じになる方が法律の採択がスムーズに進む」ということです。そういうことを全国紙の社説が平然と書いている。それは両院制という制度の趣旨そのものを否定しているということを、書いている論説委員はわかっているのか。直近の選挙で多数派を制した一政党の恣意《しい》で次々と法律が「決まらないように」わざわざ選出方法を変えた二つの議院が存在するという両院制の本旨を理解していれば「ねじれ」などという言葉が出てくるはずがない。メディアでさえもがもう民主制の意義を忘れて、「効率的な意思決定組織はあらゆる領域においてよいものだ」というビジネスの発想にどっぷり浸かっている。民主主義とはどういうものかについて熟考すれば、「民主主義は金儲けには向かない」ということは誰だってわかるはずなんです。民主主義的な仕組みを維持している限り、経済成長に特化した国家なんか作れるはずがない。だったら、はっきり社説でそう問うべきなんです。「民主主義を捨てて、経済成長を採用しましょう。人権より金だ」って。ほんとにそう思っているならそう明言すべきです。

白井　地理的な国土の条件などがまったく違いますから、シンガポールを目指そうにも絶対できるわけがないんですけどね。

内田　絶対無理ですよ。だって、シンガポールって資源が何もないんですよ。食糧もエネルギーも水さえ自給できないんです。だからシンガポールにとっては生き延びるためには「まず金」というのは正しい選択なんです。だって、金がなくなったら、水も飲めないんですから。でも、日本はそうじゃないでしょう。世界的に見ても有数の豊かな自然がある。森林率六八%というのは先進国では世界最高レベルの数字です。温帯モンスーンの湿潤で肥沃《ひよく》な農地が列島全体に拡がっている。水源は豊かだし、空気も澄んでいる。交通網も通信網も上下水道もライフラインは整備されている。治安もいいし、教育医療もまだまだ世界水準を維持している。だから、贅沢さえ言わなければ、今の手持ちの豊かな国民資源を丁寧に保持していくだけで、穏やかな国民生活は送ることができるんです。でも、それでは経済成長しない。だから、グローバリストたちは国民資源のストックをゼロ査定して、「フローが足りない」とがなり立てている。「このままでは国が滅びる」とまで言い立てている。実際に、彼らは国を滅ぼしたいんだと思います。国民資源がシンガポールのようにゼロになれば、国民はもう逃げ場がない。自分の労働力を売って賃金を稼ぎ、生きるために必要なものをすべて市場から商品として購入しなければならなくなる。そうすればＧＤＰも経済成長率も跳ね上がります。だから、経済成長率が高い国というのはつねに内戦やテロやクーデターのあった国なんです。二〇一二年の経済成長率世界一はカダフィ暗殺後の内戦状態のリビア、二〇一三年の世界一は内戦中の南スーダンです。そういう国では、住むところも、飲み水も食べ物も医療品も身の安全も教育資源も、すべて金を出して市場で買う以外にない。それまで行政が無償や無償に近いかたちで担保してきたサービスが壊滅すれば、市場は空前の活況を呈します。当たり前のことです。

日本を「シンガポール化」するためには、日本にあってシンガポールにないもの、つまりこの豊かな国民資源を破壊することが最も効率的な方法なんです。原発を次々に作って国土を汚染し、ＴＰＰで小規模自営農業の存立を不可能にするのは、国民が最後に逃れる先であるこの「山紫水明の山河」をそこにはもう戻ることができない場所に変えるための政策であり、その限りでは、たしかに非情なまでに合理的な選択なんです。

日本のイデオロギーの特殊性

内田　全共闘世代は政治イデオロギーというものがどれぐらい危険なものかを身を以て経験しています。だって、目の前でクラスメートが頭を割られたり、目を潰されたりしているのを見てきたわけですから。意味がわからない。ただ、政治党派が違うから、上位団体から「潰せ」という指令が来たから、そんな理由で、昨日まで教室で机を並べていた級友を石で殴りつけたりしている。「バカじゃないの?」と思いますよ。外から見たら、革マルと中核なんて、せいぜいバスケットボール部とバレーボール部みたいな違いにしか見えない。新入生がクラブ勧誘で「おい、うちのクラブに来い」と言われて、最初に誘われたクラブに入ったら、「今日からバスケットボール部と殺し合いをする」と言われたようなものですから。「はあ?」となるのがふつうのはずなんです。でも、その「ふつう」が通用しない。だから、イデオロギーは怖いんです。三カ月前までごりごりと受験勉強をやっていた秀才たちが、いきなり「革命闘争」とか言い出すわけですから。昨日まで試験の点数を競っていた連中が、今日は革命性の強度を競っている。だから、ある意味、やっていることは一緒なんです。競争相手を蹴散らして、勝ちたいんです。だから、ごくスムーズに受験秀才たちが過激な政治活動家に変身してしまう。そして、それから二、三年すると、今度はきりっと髪を七三に分けて就職活動に励み、中央省庁や上場企業に入って行く。これもまた競争相手を蹴散らして、勝者になりたいということで言えば、やることは変わっていないんです。やることは本質的には変わっていないんだけれど、政治は怖いです。だって、受験や就活では死人は出ないけれど、政治での勝ち負けはダイレクトに人間の身体を破壊することがあるわけですから。僕は受験から革命闘争へ、革命闘争から就活へ同じ気分でスムーズに移行できるという人間がほんとうに信じられないんです。それって、ぜんぜん別のものじゃないですか。

政治闘争は、自分の政治的立場を通すためには、他人の身体を具体的に傷つけても構わないというルールで行なわれている。それは受験で点数を競って、限られた合格者枠の中に入り込むということとはまったく違うことです。政治闘争は具体的な暴力を伴う。その他者に対する暴力の行使を最終的にぎりぎりのところで止めるものは生身の身体だと思うんです。他者の身体に対する暴力を制止できるのは良心なんかじゃなくて、最終的には自分自身の身体なんです。人を殴ろうと思っても、なかなか殴れるものじゃない。相手の顔を拳で打ち抜くということは「ふつうの人」にはできません。必ず触れる直前にブレーキがかかる。身体に自然に装着されたリミッターをなんらかの方法で解除しないと、人間の身体を破壊することはできない。

政治闘争の経験で学んだことの一つは、そういう暴力的な局面を生き延びるために必要なのは、政治的立場の正しさとか、党派への忠誠心とか、そういうものではなくて、「あいつはいいやつだ」といったレベルのことなんです。党派とか無関係に「いいやつ」はいいやつなんです。だから、そういう人が対立党派に囲まれて、テロ寸前というようなときにも、「まあまあ」と割って入ってくるやつがいる。「まあ、そんなにとんがるなよ。こいつはいいやつだから」。別に人間をよく知っているということでもないんです。一緒に酒飲んだことがあるとか、試験のときにノート見せてくれたとか、その程度のことで。でも、そのときに「どんな本読んでるの？」「どんな映画観てるの？」「音楽何好き？」なんて話したせいで、こいつも生身の人間だということがわかっている。生身の人間には手を上げられないんです。記号化された人間には暴力がふるえるけれども。

白井　まったく同感です。私もイデオロギーってものを全然信じていません。だけど、同時にイデオロギーは絶対に必要だとも思います。だから最初にやった私の学術的仕事は、レーニンをまさにイデオロギー的にあえて評価することでした。これは逆説的に聞こえるかもしれませんが、イデオロギーを全然信じていないので、「レーニンのイデオロギーはすごい」ということを言えたんじゃないかという気がします。

感覚的に言うと、私は日本のイデオロギー論争のやり方をアナ・ボル論争の時代のやり方に戻したいのです。大杉栄と山川均は、アナ派／ボル派として激しく論争したわけですが、二人の友情は全然崩れませんでした。なんというか、初期社会主義の人たちは、後の時代の左翼と、イデオロギーとの付き合い方が違うのです。福本イズム以降なのか、イデオロギーの流通の仕方が変化する。イデオロギーが、悪い意味で日本に特有なかたちで現象するようになるように思われるのです。内田さんに倣った言い方をすれば、イデオロギーが身体性から乖離《かいり》するようになる。それは、中核と革マルの内ゲバや連合赤軍事件にもっとも陰惨な形で表れたように、自己破壊的に機能してしまう傾向を生みますよね。

その反動で八〇年代以降は、逆に「イデオロギーは一切いけない」という風潮になってしまいました。少し前に読んで感心したんですが、森喜朗元首相が「いかにイデオロギーが大事か」ということを書いています。まだ民主党政権の時代に書いたものですが、「とにかく近頃は国会でケンカばっかりして物事が決まらない。これは困ったことだ。昔はちゃんと決まっていた」というわけです。昔は自民党と社会党でいつもケンカをしていた。でも、最後にはそこそこのところで物事が決まっていた。なぜかというと、当時はイデオロギーの争いだったからというのです。イデオロギーの争いだから、お互いヤーヤーとやって、ある程度までやると顔が立ったということになるので、あとは条件闘争になる。具体的には自民党が社会党にお金を渡していたりしていたわけです。官房機密費からね。ところが、今の政党にはイデオロギーがないので、ひたすら物取りの話になる。純粋な物取りとなるとお互い妥協できないので決まらないというんです。

内田　森喜朗が言うなら本音なんでしょうね。以前、民主党政権になる前の頃、仙谷由人さんに「今の政治家で誰を評価しますか?」と訊《たず》ねたら、しばらく考えてから「森喜朗と山崎拓かな」と答えました。おもしろい人選だなと思って、理由を聞いたんです。そしたら、「いいやつだよ」って。仙谷さんは東大全共闘の弁護団をずっとやってきて、それから政治家に転身した方ですから、森喜朗や山崎拓とは政治的立場がぜんぜん違う。でも、この「食えない親父たち」というのはやっぱり懐が深いんです。表面的には対立する政党の幹部同士だけれど、裏に回ると「これ頼むよ」に「ああ、いいよ。その代わり一つ貸しだぜ」という感じで応じる。いろいろな政治的案件について、こういう貸し借りがあったんだと思います。ある法律を呑《の》んでもらう代わりに、別の法律を流すとか。仙谷さんが教えてくれたのは、李登輝の話。李登輝が日本の大学病院で心臓手術を受けたいと言ってきたときに外務省がビザを発給しなかった。そのときに、仙谷さんが森首相のところに行って、「ビザ出してよ」と頼んだら、「うん、いいよ」って即答してくれたそうです。

政治家同士でそういうことができるのは政治的イデオロギーじゃなくて、人間を見ているからでしょうね。世に「剛腕政治家」と呼ばれる人たちがいますけれど、あれは別に剛腕を以て無理を通しているわけじゃないと思うんです。そういうふうにあちこちから「頼むよ」と言われたときに「いいよ。でも、これで一個貸しだよ」と言うのを積み上げておいて、ここ一番というときにその「貸し」を回収にかかる。「この人の頼みじゃ断れない」というような人間関係を作っておく。スパイ用語では「アセッツ（資源）」と呼ぶらしいんですけれど、長い間寝かしておいて、必要なときだけ呼び出す。あちこちに貸しを作っている政治家はやっぱりまわりからすると「いいやつ」なんでしょう。そういう人だけが、ふつうは通らないような話を通すことができる。安倍晋三にはそういう能力があるようには見えませんね。ときどき勝ちを譲っておいて、あとで回収するというような芸はできそうもないですね。全部勝とうとする。

白井　彼にそこまで政治的能力があったら、とても怖いと思いますけれども。

内田　あちこちに貸しを作っている人というのは、結局「しがらみ」がいっぱいできるので政治的には暴走できないですよね。

白井　なるほど。よく五五年体制は談合政治じゃないかと言われますし、たしかにその通りなんですけれども、今の体たらくを見ると、ずいぶんマシな政治だったんだろうと思います。

内田　だから、僕は五五年体制に戻してもいいじゃないかと言っているんです。でも、社会党がない……。

白井　五五年体制の究極の野合だといわれた自民・社会・さきがけ政権は、さんざん悪口を言われたけれども、今から振り返れば批判だけするのは一面的ですよね。あのときに出た村山談話とその少し前に出た河野談話が、今どれだけ国益に貢献しているか。これらによって「日本はファシズム体制を反省し清算した国家である」というフィクションが国際的に維持されているのですから。

内田　自社さ時代って比較的よい政権だったと思います。ああいう連合は一枚岩じゃないから、なかなか物事が決まらない。それがいい味になるんです。三・一一のときに菅さんが谷垣さんに挙国一致内閣を提言しましたよね。あれは菅さんは本気でやるべきだったと思う。あのときに自民党と民主党が挙国一致内閣を組閣して、震災復興と原発対策に集中すれば、それからあとの政治のあり方もずいぶん変わったと思う。あのときまでは「オールジャパンで」という言葉を自民党の政治家たちも民主党の政治家たちも言っていましたけれど、あの言葉ももう誰も口にしなくなりましたね。

白井　原発事故処理も、考えると憂鬱《ゆううつ》にならざるを得ないんですけれども、もしオールジャパン、挙国一致内閣ができていれば、もう少しマシな形になっていたかもしれません。

二〇一一年から二〇一二年にかけては、この社会が変わらなければいけないという雰囲気がものすごく出ていました。ところがいつの間にか、「やっぱり変えるの、やめた」という雰囲気になって、それから先は目をつぶって一直線。危機など存在しないということになった。その総仕上げが二〇二〇年東京オリンピックだという話になるんでしょう。私に言わせれば、さしずめ「否認の祭典」です。

私は東京オリンピックと聞くと、一九六四年よりも、一九四〇年の開催できなかった幻の東京オリンピックが思い浮かびます。二〇二〇年と一九四〇年って、ちょうど八〇年で、ずいぶんきりがいい数字だなと思ったんですね。ではこの八〇年の中間の一九八〇年はというと、モスクワ・オリンピックです。それで恐ろしいことに気づいたんですね。ソ連はモスクワ・オリンピックをやってから約一〇年で国がなくなった。モスクワ・オリンピックはケチがついたことで有名ですね。ソ連のアフガン侵攻に抗議してアメリカ・日本などがボイコットをした。そんなケチのついたオリンピックの一〇年後に国が潰れた。一九四〇年の東京オリンピックの場合は、開催すらできなくて、その五年後には国が潰れた。となると、二〇二〇年の東京オリンピックって、もし何とか開催できればその後一〇年国はもつ。もし開催できないというところまで追い込まれると、もう五年しかもたない。そういう嫌な感じがするんです。日本の外の情勢を見渡しても、不安要因が複数ある。ウクライナ問題や中東などです。

東京オリンピック開催と領土問題という二面性

白井　ですから、ほんとうに安倍さんが何を考えているのか、不思議でなりません。オリンピックを無事に開催するためには、二〇二〇年まで対中国、対韓国、対ロシアとの領土問題を先鋭化させるという政治的な選択肢はないでしょう。隣国がボイコットというと、それこそモスクワ・オリンピックの二の舞になるわけですから。安倍政権は緊張の高まりを利用して支持率を上げてきた側面があるけれども、これ以上高めるということは国際的には不可能な状況に追い込まれるでしょう。

以前、アメリカのネオコン系シンクタンクからハーマン・カーン賞をもらって大喜びしていましたが、国連総会に行ってもオバマとは会えませんでした。これって保守系のメディアはお得意の「日米同盟の危機」を大声で怒号しなきゃいけないところでしょうが、なぜかそういう声はまったく出てこない。ほんとうに永続敗戦レジームそのものだと思います。頭にスクリーンがかかっちゃって現実を見ようとしないのです。

内田　岸信介、佐藤栄作、安倍晋三と、このラインは長州閥がまだ続いていますね。同一血族で総理大臣を回り持ちしている。これはずいぶんに不健全なことです。別に権力が集中してよくないということではなくて、血族のトラウマがそのままになってしまうからです。近代日本のトラウマは維新から一五〇年経ってもいまだに主題化されないし、言語化されない。その精神史の中で現代日本の政治家たちは政治的決定を下している。ですから、二年や三年ぐらいのスパンでは、どうしてこんな政策を採用するのか訊ねても、わからないんです。本人だって、どうして自分がそんな振る舞いをするのか、わかっていないんですから。政治家本人が「私の政治的行動の意味はこれこれこういうものです」といくら説明しても、それはその人の政治的行動のほんとうの動機についてはほとんど何も教えてくれません。

白井　この永続敗戦レジームを何とかして片づけてしまわないとどうしようもないと思っているんですが、どうやって片づけたらいいか、これというアイデアがなかなか出せないんです。

内田　白井さんも書いている通り、言葉にするしかない。とにかく言語化していくしかないでしょう。

アジアでの敗戦認識が薄い日本人

白井　永続敗戦レジームの片面がアメリカへの卑屈な従属である一方、もう片面は、アジアへの傲慢な態度です。これが根深いのは、明治以来の帝国主義政策の「成功」から始まるものであり、一九四五年の敗戦にもかかわらず生き延びてしまったものだからです。でも、実は戦後の日本人の対中感情ってある時期まではすごくいいんですよね。それが近年劇的に反転した。そこで表面化しているのは、要するに中国人は貧乏である限りにおいては好ましいという心情なんじゃないでしょうか。豊かになってきたら「生意気だ、気に食わねえ」。自分より下に見ることができる限りにおいて仲良くしましょう、対等になるのは嫌だ、というメンタリティなんですね。

思うにこれは、日本人の対中戦争認識に起因します。第二次大戦では、アメリカに負けたのであって、中国に負けたわけじゃない、という思い込みがある。こうした思い込みは、純軍事的に見た場合、日本は中国に敗れたというよりも勝ち切れなかったといった方が実態に即している、という事情から発生しているのでしょう。だから、あの戦争では引き分けだった、と。これは非常に危険な歴史意識です。なぜなら、第二次大戦では中国とは引き分けだったとすると、日清戦争で日本の築いた、「アジアで唯一の一等国」という地位は揺らいでいないということになるからです。そして、その構図を変更しようとする相手に対しては「不愉快だ」ということになる。中国からすれば、「ああ、そうですか、日清戦争の負けをわれわれが取り返さない限り、あんたらはわれわれを認めないということですね。ならば、認めさせるようにすることにします」という結論になる。

内田　僕の父は中国に長くいました。しかし、戦後中国にいたときの話は決してしようとしませんでした。その経験を言葉にできないんだと思う。でも、父は中国に対して強い負債感を持っていました。だから、日中国交が回復すると、日中友好協会の会員になって、中国人の留学生を受け入れたり、就職の保証人になったりしていました。家に呼んでご飯を食べさせたり、お金を貸したりしたこともありましたよ。母は「うちだって貧しいのに、なんで中国人をそんなに大事にするんだ」と不満顔でしたけれど、父は黙っていました。「返すことのできないほどの借りが中国人にはある」というのが父の実感だったんだろうと思います。でも、いったい父が中国にいたときに何を経験して、どんな負い目を中国人に対して感じていたのか、それはついに言葉にはしてくれませんでした。晩年に一度だけ短いエッセイで、北京のかつての自分の住居のあたりを再訪したときのことを書いていました。その中にふたり中国人の実名を挙げて、「彼らは私の友人であったという理由で殺された。中国人は日本人である私に対して示してくれた雅量を、日本人に通じた同胞には示さなかった」ということを書いていました。その二行ほどの文章が、僕の知る限り、父親が中国で何を経験したのかについて語ったただ一度だけの回想でした。

戦中派の中国に対する感情は多かれ少なかれ似たものだったと思います。**堀田善衛**

のように敗戦直前に行った人ならあるいは傍観者的に語ることができたかも知れませんが、父のように満州事変の前から満州にいたような日本人は口が裂けても言えないようなことをたくさん見聞きしてきたのだと思います。自分たちの植民地主義的な行動や、中国人や朝鮮人への差別感情などについても、「これは語らずに墓場まで持って行く。次世代には伝えない」という、ある意味で世代的な決断をしたように思います。こんな醜い記憶は語らずに腹に収めて死ねばいい、そう思っていたんだと思います。

後知恵ですけれど、そんなことをしないで、洗いざらい話してしまえばよかったとも思うんです。こんなことがあった、こんなことをした、それを告白してしまえばよかった。でも、口を噤《つぐ》んでいた。それは決して自己弁護や自己正当化のためだけではなかったと思います。「汚れ役」は自分たちの世代が引き受けて、子どもたちの世代は「手の白い」、潔白な戦後民主主義の旗手として戦後日本に送り出そう、と。そういうふうな可憐《かれん》な計画を持っていたんじゃないでしょうか。

実際に、白井さんの世代が聞いたら驚くでしょうけれど、僕たちの世代は子どもの頃、学校の先生から「君たちは民主主義の申し子である。君たち、あらゆる戦争責任から潔白な子どもたちが日本の未来を担うのだ」と本気で言われていました。僕たちの世代は戦争に関しては「まったく責任がない」という言葉を先行世代から繰り返し告げられてきた。ですから、それから五〇年経って、隣国の人たちから「おまえ自身は戦争責任をどう取るつもりか」と迫られるとびっくりしてしまった。これは申し訳ないけれど、戦中派が戦争について語らないまま鬼籍に入ってしまったことの否定的な帰結の一つですね。

白井　加害経験についてきちんと語った人たちってほんとうに少ないように思います。正確にいえば、それは大衆に拡散する語りにならなかった。それだから空襲や原爆の経験による被害者意識の方が優越してしまう。実は私の父は大連で生まれているし、母もハルビンで生まれています。父方の祖父は大学を出たときに世界大恐慌で職がなく、向こうへ渡ったようです。二〇年代末か三〇年ごろでしょう。やはり向こうでの話はあまり聞きませんでした。それはまだ私が子どもだったからというのもあるでしょうけれど。

内田　中国や朝鮮半島で自分たちが見聞きしたことを語らないまま封印するということについては、戦中派には世代的な暗黙の合意があったと思います。たぶん、封印した方が未来の日中関係、日韓関係にとってよいことだろうと思ったんでしょう。実際、戦後半世紀は中国人も韓国人も戦争のことはもう蒸し返さないという感じだった。

でも、国民の記憶というのは、封印して、抑圧すればそのうち自然死するというものじゃないんですね。

それが戦後七〇年経って、しみじみ実感することです。抑圧された記憶は必ず症状として回帰してくる。それは世界中どこでもそうなんです。日本もそうだし、中国や韓国だってそうです。彼らだって一度は「もう忘れよう、なかったことにしよう」と思った。旧植民地でも、旧対戦国でも、戦争期の記憶は「公認の物語」としてしか語られなかった。でも、そこから漏れるすべての歴史的記憶、従軍慰安婦問題はまさにそれですけれど、そういうものは必ず時間をおいて回帰してくる。

白井　結局のところ、こうした封印も永続敗戦レジームに守られてのことだったと思うのです。直面しないでもいい構造が整えられていた。もしそれがなかったら、祖父母の世代も乗り気がしなくても語らざるを得なかったはずです。ですが、もうないことにできません。できない時代に入ってしまいました。

内田　そうですね。だから、僕たちの世代の仕事は、先行世代が封印して、埋葬した過去を掘り起こし、棺桶《かんおけ》の蓋《ふた》を開いて、腐敗した地下の死体を掘り出して、彼らの言葉を聞きだして、それから改めて「今度こそほんとうに成仏してください」と手を合わせて呪鎮の儀礼をする。そういうことをしなければならないのかなと思っています。

つらい仕事ですけれど、それをするしかない。

白井　そこで思い出されるのが、映画の『ゆきゆきて、神軍』で奥崎謙三が山田吉太郎に戦時の南洋諸島での人肉食について証言を迫るシーンです。山田さんが言うのですね。「そんな話を蒸し返したって仕方がないだろう。あの地獄を潜ってから自分も含め皆、戦後苦労を嘗めながら今は何とか小さな幸福にありついて暮らしているんだ。それなのにあんたはなんでわざわざあの地獄のことを掘り返すんだ」と。山田さんの気持ちはある意味もっともです。しかし奥崎さんは許さないわけです。ついには殴りかかってまで証言をさせる。市民的常識からすれば、奥崎さんは狂気の人です。でも、説得されてあまりにつらい記憶を語った後の山田さんの表情が、なんともいいんですね。憑き物が落ちたという表情をしている。今、歴史修正主義の衝動にとり憑かれている日本人というのは、いわば記憶を話す前の山田さんのような状態にあるのでしょう。嫌な話を思い出すのはもちろんつらいことですけど、それをすることの効能は必ずあるのですよね。

歴史を掘り起こし、新しい言葉を見つけ出すとき

白井　その死体掘り起こしの作業の中で、イデオロギーが何かの役割を果たすことはあるかを考えています。レーニンで二冊本を書いていますし、マルクス・レーニン主義ですから。

内田　白井さんは、ほんとうにいまどき珍しい人ですよね。マルクス主義者はまだときどきいますが、マルクス・レーニン主義まで言う人はなかなかいない。すごいです。生きているレーニン主義者に会ったのは久しぶりです。三〇年ぶりくらいかな。

白井　そういうわけで、さっきも言いましたように、やっぱりイデオロギーは大事だというふうに思っているわけです。イデオロギーは人を殺すかもしれないという感覚が、上の世代の大学教員にはあります。それでどうなったかというと、「イデオロギーじみたことを教育の場では言っちゃいけない」という雰囲気ができてしまった。ことごとく相対主義で両論併記。私はそれでは教育が成り立たないと思います。教員は

自分のイデオロギーを学生たちに押し付けていい。学生がそれを取捨選択して考えればいい。押し付けは避けなきゃいけないなんていうのは、学生をバカにした話です。大人として判断できないだろうと見ているわけですから。

だから、イデオロギーから逃避するというスタンスは全然おかしいと思うのです。イデオロギーなんてどこにでもあるに決まっているのです。それがなければ何も説明できないのですから。つまり、イデオロギー一般がダメなんだということではなくて、先ほど話題になったように、イデオロギーとの付き合い方が問題なのです。付き合い方という真の問題を回避すると、イデオロギー一般がいけませんというメタ・イデオロギーを無自覚に振りまくことになるのです。こんな世の中になってしまったので、私はイデオロギーの中のイデオロギー、一番ゴリゴリのやつを持ってくることにしたんです。

内田　ほとんど無限に近い出来事を僕らは有限数の言語列をもって記述するしかない。だから、僕らの言明は必ず一面的なものになります。そうなると、複雑な事態を説明するためでも単一の仮説を提示するしかない。それによってある程度は説明できるけれども、説明できないことも残る。その有限性を自覚している限りは、みんながいろんな仮説を提示して、それが並存して、それぞれに対話できるならば、それでいいと思うんです。単一の仮説が勝利して、それが信仰箇条になるより、集団内にさまざまな仮説が対話しながら並存していることで、集団としての叡智が機能するなら、それが一番いいかたちだと僕は思います。

今日の話題で言うと、「戊辰戦争から後」みたいな長期的なスケールの話になると、歴史学や政治史では手に負えない。こういう仕事を最終的に引き受けられるのは文学じゃないかと思います。司馬遼太郎が久しくそういう仕事を担ってきましたけれど、村上春樹もそうだと思います。村上さんは『中国行きのスロウ・ボート』以来、ずっと中国に対する「疚《やま》しさ」の問題を扱っていますよね。そこで何が起きたのかを語ることができないがゆえに、それ以後のあらゆる経験の意味を決定することになったトラウマとしての中国体験。村上さんの場合も、中国で長い時間を過ごして日本に帰ってきた父親が中国での経験を何も語らず、ただ死者たちの鎮魂を祈り続けたという経験を持っています。その父親の沈黙が子どもの世代に遺贈される。作家自身が経験さえしていない経験がトラウマとなって作家の書き物に強い影響を及ぼしている。父親から遺贈された中国人に対するトラウマを文学的な主題の一つに据えたことが、村上春樹の世界性を作り上げたのだと僕は思います。彼が中国でも圧倒的な人気があるのは、彼が中国に対する戦後日本人の「立場のなさ」を適切に描き出しているからだと思います。

僕は村上さんが先鞭をつけた文学的なかたちでの近代史の物語的な見直しというのはこれから若い作家がどんどん取り組んでゆくんじゃないかと思っています。戊辰戦争、日清日露戦争、満州事変、二・二六事件、農本ファシズムとか、そういうことについて文学作品としてこれを扱おうとする若い作家がこれから出てくるんじゃないでしょうか。頭山満とか、大川周明とか、北一輝とか、権藤成卿とか、そういう人たちを主人公にしたドラマが書かれそうな気がする。そこまで掘り下げて、もう一度明治維新以来の日本が何を抑圧してきたのか、どういう「公認の物語」を作って、それになじまない歴史的事実を忘却に任せてきたのか、それを問わないといけないのじゃないかと思います。今流通している言説や今使われているロジックだけでは、もう「今、起きていること」が語れないという酸欠感は若い世代にも広くあるんじゃないですか。

白井　同感です。じゃあ今、思想・哲学のフィールドの人たちが何をやっているかというと、どうも、うーん……結局リベラリズムの枠組みを超え出ようとしない人が多いような気がします。こんなこと言っちゃうとヤバいんじゃないか、学界で生きていけなくなるんじゃないかというような、一種の自己検閲みたいな圧力が働いているような気がすることもあります。

内田　片山杜秀さんも中島岳志さんも、僕が今挙げたような「古い話」に強い興味を示していますよね。近代史の暗い底まで下りていかないと現代日本がわからないという烈しい知的な飢餓感が彼らにはあるんだと思います。それは白井さんも共通しているんじゃないでしょうか。

白井　そうですね。新たに、リアルな歴史感覚を作らなきゃならないという雰囲気は出てきていますよね。

第二章　純化していく永続敗戦レジーム

ほんとうの民主主義がない日本

白井　第一章でも触れましたが、『永続敗戦論』を書いた動機の一つは東日本大震災でした。非常に大きな衝撃を受けました。それだけでなく、震災以降、この国の社会、国家のあり方がはっきり違ってきた。ずっと覆い隠していたものが、もはや覆い隠せなくなってしまったんです。だから、変わったと言いつつ、変わっていないとも言える。ほんとうの地金が出てきたわけですから。

戦後の日本社会は経済的に発展し、豊かになった。だから、戦後とは「平和と繁栄の時代」という歴史感覚が広く共有されてきました。しかし九〇年代以降は調子が悪くなる。いわゆる「失われた二〇年」です。「もう平和と繁栄の時代は終わった」ということを徐々に誰もが認めざるを得なくなった。そこに地震と津波と原発事故が起きてしまった。言うなればとどめの一撃です。戦後の遺産がもうだいぶ壊れかけてきていたわけだけど、それこそ物理的にぶっ壊されたという感じがあった。だから、

「戦後がこれで終わった」と私は感じたわけです。

　壊れるべきものが壊れること自体は、悪いことではないのでしょう。しかし、そこから新しいよきものを作り出すプロセスは平坦なものではない。まずは、平穏な外観の下に隠されていたどす黒いものが噴出してきているわけです。

　原発事故そのものに関して言えば、戦後日本の建前が、ほんとうに建前にすぎなかったことのあらゆる証拠を突きつけられた。その建前の代表は、平和主義と民主主義です。どちらの価値も、この国の支配権力が本気で追求したことなど一度もなかったことが明らかになりました。覆い隠されていた暗いもの、薄々感づいてはいたものの見たくないので見ないで済ませてきたものが、一気に表へ出てきた。もう見ないで済ますわけにはいかない。生命や財産を直接に脅かす惨事として表れてきたわけですから。そういうわけで、いよいよ「変わらなければいけない」という雰囲気になったはずなんですが、しかし、じゃあ社会は変わっているだろうか。たしかに変わってはいるんですが、それが悪い方向へと変わってきています。

　戦後日本が覆い隠してきたこと、ごまかしてきたことは何なのか。それが「永続敗戦レジーム」と呼ぶべき体制ではないのか。この本を書き終えたとき、「摑《つか》んだ」という確信がありました。だから、昨年（二〇一三年）は「永続敗戦」という言葉が流行語大賞にならないかなと思ったんですけれども。

内田　（笑）。

白井　残念ながら候補にすらなりませんでした。

「永続敗戦」という概念が何を指すか。『永続敗戦論』の内容をダイジェスト的にお話ししたいと思います。

一九四五年に第二次世界大戦が終結し、日本にとっては敗北という形で終わりました。この純然たる敗北、文句なしの負けを、戦後の日本はごまかしてきた。これを私は「敗戦の否認」と呼んでいます。

なぜ敗戦を否認しなければいけなかったのか。あの戦争を指導していた人たちが、戦後また再び支配的な地位に留《とど》まり続けるためです。彼らは間違った指導をしたのですから、本来ならそんな地位に就けるはずがない。だから敗戦という事実をできる限りあやふやにしなければならなかった。

では、なぜそんなことが可能になったのでしょうか。アメリカが望んだからです。第二次大戦が終わる前から、冷戦構造が形成されていました。日本を自由主義陣営に留めておかなければいけないという強い要請がアメリカにはありました。では誰に日本を統治させるか。左翼は問題外です。日本がソ連陣営に走ってしまうかもしれない。

もう一つの選択肢は元ファシストです。アメリカからすると元ファシストも左翼も、どっちもろくでもないんですが、彼らは元ファシストの方がましだろうと考えた。その結果、戦前の保守勢力が引き続き権力の座に留まることになりました。

戦後の日本は民主的な国家になったと言われますけれど、それは虚構です。日本を敗戦に導いた連中がそのまま留まり、その後継者たちがずっと権力の座に留まって現在まで続いています。だからこんな国に本物の民主主義などあったわけがない。

こうした批判はさまざまな人によって何度も繰り返されてきました。私の仕事もその延長線上にあります。言い換えると、古い話です。しかし、「そんな話はもう古い」といって済まされません。なぜかというと、こうした批判が永遠に新しいままであり続けることこそ、この日本の戦後という時代の本質にほかならないからです。

対国内的には敗戦をごまかし、アメリカに対しては無条件降伏しました。お手上げです。日本の保守政治勢力はアメリカの許しの下で権力の座に留まったわけですから、彼らがアメリカに対して頭が上がるわけがありません。これが対米従属と呼ばれる構造を形成した根本原因です。こうやって日本はアメリカに永遠に負け続ける。

他方で国内向けにはそのことをごまかさなければなりません。どうやってごまかすか。アジア諸国に対する敗戦をごまかしました。侵略を仕掛けた中国や、植民地支配をした朝鮮半島に対しては、傲慢《ごうまん》な態度を取り続けました。

これが可能だった理由は二つあります。一つは冷戦構造です。アメリカは日本をパートナーとして扱わなければなりませんでした。言い換えると保護すべき対象でした。もう一つは、戦後日本が経済的に成功し、とりわけ工業力がアジアにおいて突出していたことです。アジア諸国としては、日本の戦後の態度に不満はあるけれども、しかし金はほしいから強く文句を言えない。彼らは面子の次元で妥協して実を取るという方針を選んだことになります。

しかし、こうした永続敗戦構造も一九九〇年前後で賞味期限が切れました。冷戦が終わったので、アメリカは日本をアジアでの最重要パートナーとして位置づける必要がなくなりました。他方、中国が成長してきて、国力の差も縮まってきました。もちろん韓国の成長も著しい。こうして永続敗戦レジームを支えていた二つの柱が、どちらも失われました。

にもかかわらず、永続敗戦レジームがまだ続いています。この二〇年、われわれは宙に浮かんでいるようなものです。空中を歩いている。しかし、いつか必ず落っこちます。

なじみやすかった対米従属と対米自立

内田　対米従属と対米自立は矛盾しません。日本の戦後の外交戦略の基本は「対米従属を通じての対米自立」という非常にトリッキーなものでしたけれど、日本人にとってはそんなに違和感がないものだった。僕は先ほどこれを「のれん分け戦略」と呼びました。これ、けっこう日本人には「じーん」と来る、いい話なんですよ。ある意味で日本人にとって、もっとも正統的なプロモーションのかたちだから。

木下藤吉郎が、主君織田信長の草履を懐に入れて温めたりして、気の利く男だというので取り立てられて、羽柴秀吉となり、豊臣秀吉となっていく。ああいう「上から取り立てられて立身出世する」というのは日本人にとっては正統的なキャリア形成なんです。強者に徹底的に忠義を尽くすことによって、利害の完璧な一致を誇示することによって、独立を獲得する。従属性を強調することで独立するというプロモーションのかたちは欧米人にはよく理解できないんじゃないかと思うんですけれど、日本人には違和感がない。だから、歴代の日本の総理大臣がアメリカの大統領と親密な表情で写っている写真を見ると、「大旦那さんと大番頭さん」のツーショットにしか見えない。風刺的なメディアが日本の首相を「ポチ」などと蔑称《べっしょう》しますが、日本の場合、忠犬の忠誠心をドライブしているのは「早く主人から離れたい」という思いなんです。でも、それを主人に理解してもらうのって、無理があると思うんですよ。愛犬が必死にすり寄ってくるのを「早く主人のもとを去りたいからだ」と解釈しろといっても無理ですよ。でも、戦後日本の七〇年間の国家戦略の基本は「対米従属を通じての対米自立」なんです。アメリカにべったりはりついて、あらゆる政策を支持して、利害の一致を強調して、すべての重要政策をアメリカに決定してもらって、その従属的態度を徹底させたことの報奨として「アメリカ抜きでなんでも決められる国」になるというロードマップの合理性を理解しているのは、世界で日本人だけじゃないですか。

でも、戦後日本の政治家たちはみんなこのアンビバレンスに耐えてきた。さすがに七〇年も見せられてきたら、僕らも見慣れちゃったんですよね。アジアの人やヨーロッパの人からはさぞや不気味な光景でしょうけれど。この「のれん分けストラテジー」については白井さんはどう思いますか？

白井　のれん分けストラテジーとは言い得て妙です。そこでの問題は、アメリカ人は日本人ではないということです。だから、一見仲良しのように見えて、実はコミュニケーションが成立しておらず、軋轢《あつれき》が生じる。いま起きている歴史解釈の問題はまさにこれですよね。安倍さんなどは、これだけ忠義を尽してきたのだから、そろそろ自分たちにとって心地よい歴史の語りをすることをアメリカは許すべきだ、と思っているのでしょう。

内田　そうなんです。向こうはまったく理解していないということですね。

白井　日本の対米従属というものの特殊性について、内田さんは、ある種の文化的特殊性というか、人間関係、日本社会が持っている固有の人間関係の特殊性というところからの説明をなさいました。私も日本の対米従属の特殊性に関してはよくよく考えなくてはいけないと思っています。

というのは、私の『永続敗戦論』は、とても単純な読まれ方をされかねない危険性を持っています。この本を読んだ人が、読んでいない人に内容を説明するとき、「日本の対米従属的なあり方を批判している本だよ」と説明したとします。これはまあ、間違ってはいないんですよね。間違ってはいない。だけれども、単に「対米従属はけしからん、自立するべきだ」と言っているわけではないんです。もちろん従属しているよりは自立した方がいい。でも、ともすると極度に右翼的な観念、あるいは幼稚な反米主義にいきかねない話でもある。粗い議論はかえって危険です。

対米従属そのものを批判しても仕方がない。第二次世界大戦後の世界秩序を見れば、ソ連の子分になるか、アメリカの子分になるか、選択肢はどっちかしかなかったわけです。どっちを選ぶのがマシであったかといったら、それはアメリカでしょう。そういう意味では対米従属になるのは仕方がない。もちろん、どちらも選ばないという選択肢もありましたが、それは大変に困難な道となったはずです。そうなったら戦後日本史は暗殺、クーデター、内戦の歴史になったでしょう。なぜなら、従属しないというのは、負けを文字通り認めないことを意味したはずだからです。つまり、いったんは回避した本土決戦をやっぱりやることになるのと同じだということです。では、それをふまえた上で、日本の対米従属の特殊性とはなんだろうと考えると、それは冷戦下では相対的な独立性があったということだと思います。

五五年体制を見てみると、基本的に、自民党というのはCIAから金をもらって結党された経緯もあって、アメリカの傀儡《かいらい》です。他方で野党第一党の社会党は、いろいろ紆余曲折《うよきよくせつ》はありながら、最終的にはソ連寄りの政党になっていく。ソ連のエージェントみたいなものでした。要するにアメリカのエージェントとソ連のエージェントが第一党と第二党だった。それだけ聞くと主体性ゼロの限りなくどうしようもない状態であったように聞こえますが、逆にこんな構造だからこそ、国家主権や相対的な自立性が確保されました。

自民党はアメリカの傀儡だからアメリカの言うことを聞かなきゃいけない。しかし、アメリカが無茶なことを言ってきて「これは聞きたくないな」というときもある。そのときはアメリカに対して「社会党が反対するんで……」と言い訳ができるわけです。もう一つは平和憲法への支持です。「親分の言うことに従いたいのはやまやまなんですけど、いかんせん、うるさいのがいまして」と要求を逃れることができると。傀儡を二つ足すと自立になるというおもしろい構造があった。冷戦構造が崩れてこれがおじゃんになり、その後の秩序と呼ぶに値する構造ができないまま現在に至ります。

冷戦終了後も対米従属が続くのはなぜか

白井　では冷戦構造がなくなった後も、どうして対米従属が続くのか。続くどころか、ますますひどいことになっています。従属というよりも完全な属国化です。

そのポイントが私は天皇制だと思っています。永続敗戦の構造は戦後の国体なんです。戦前の天皇制がモデルチェンジして戦後も続いている。なぜなら、権力の機能の仕方に類似性を見出せるからです。戦前の明治憲法下における統治システムがどういうものだったかというと、憲法の文言の上ではすべての権限を天皇が握っていることになっている。天皇の意思で偉大な政治を行なう、と。しかし現実には何から何までやるのは無理なので、臣下たちが天皇の意思を推し量って実際の政治を行なう。これが輔弼《ほひつ》とか翼賛とか呼ばれた行為です。じゃあそのときに、天皇の意思って何なのかというと、これはある種のブラックボックスです。臣下が決めたことを天皇が一八〇度違う方向に変更できたかというと、それは基本的にできない。というか、だいたい有力者たちが実質的に決めていた。最後には軍部の独走に至る昭和前期の政治的混乱は、このブラックボックスの構造と関係していました。「これが天皇の意思である」ということをでっち上げて既成事実を作る。既成事実を作ると天皇はそれを認めるしかない。ブラックボックス自体は空の入れ物みたいなものだから、なんでも入れ込むことができる。輔弼・翼賛の名のもとに臣下が好き勝手なことをできてしまう。そういう構造がありました。

では戦後はどうなのかというと、天皇が占めていた位置にワシントンが入ってきます。ワシントンの大御心を輔弼・翼賛するのが日本の統治機構のトップの仕事になっていった。しかし、アメリカの意思ってわからないですよね。アメリカ人にだってわからない。アメリカにもさまざまな政治勢力があって、さまざまな考え方を持つ人がいて、さまざまな利害関係があって、お互いに衝突をしたり競争をしたりして、最終的に国としての意思が出てくる。いろんな偶然性もあります。ところが日本では、ビジネスの世界であれ、エンタメの世界であれ、政治の世界であれ、学術の世界であれ、「アメリカではこういうのが流行っています。これからアメリカではこうなります。」「アメリカは今こう考えている」といった言説がそれぞれの業界での権力に結びつく。検証不可能なことですから、「アメリカでは」と言われたら、「へえ、そうなんですか」というしかない。これが戦後日本における輔弼だと私は思います。

そんなやり方でも、戦後何十年かはわりと外さないでやってきたのですね。冷戦構造があって、日米の利害の方向性が基本的に一致していたから、破滅的な矛盾は生じないで、忖度はおおよそのところ当たってきた。ところが冷戦が終わって、アメリカが考えていることと日本が推し量ることとがずれるようになった。それがいちばん鮮やかに表れたのがオバマ大統領と安倍首相との人間関係でしょう。戦後の歴史においてこんなにもあからさまにアメリカの国家元首が日本の国家元首に対して、嫌悪感と軽蔑感を表したのは異例です。ここでの核心的問題はやはり歴史解釈ですね。安倍からすれば、このくらいわが方が望むような歴史解釈をしたって大目に見てくれるだろう、と。しかし、アメリカサイドは、アジアでの軍事的緊張を爆発させかねないような歴史解釈は絶対に許さない、という姿勢をはっきり見せています。

内田　おっしゃる通り、「ワシントンの大御心」というような単一の国家意思は存在しない。アメリカ国内にだってさまざまな意見があるわけで、「大御心」を忖度する人たちは、自分なりのパイプだのチャンネルだので、「アーミテージさんがこう言った」とか「ナイさんがこう言った」とか、自分の都合のいい言葉を探してきているだけです。

あれは三太夫が主君の欲望を忖度するのと同じで、「殿、皆までおっしゃいますな。すべてこの三太夫が心得ております」というのは、あれは自分の欲望を露出しているだけなんです。「俺が殿だったら、こんなことを望むんじゃないか」という、腹話術みたいなものです。日本人で「ホワイトハウスの考えは」ということを言っている人たちは自分の欲望を投影しているだけなんです。自分の意見なんか誰も聞いてくれないけれども、アメリカの国家意思であるという「虎の威」を借りてくると、人々が傾聴してくれる。自分に威信を外付けするための装置として「アメリカを迂回する」という手立てを使うわけです。

でも、おっしゃる通り、「アメリカでは」で話が通ったのは九〇年代までで、今では「アメリカではこうなっています」と言っても、「あ、そう」という感じになった。もう、アメリカを範とすべき「成功モデル」だと見なす人はよほどのグローバリスト以外にはあまりいないでしょう。それでも、「アメリカでは」以外に自分の権威を箔付けできるような道具がないから、相変わらずその言い回しが使われている。

東西冷戦構造が解体して、世界が液状化したことによって今まで日本人が使ってきた「ワシントンの大御心」を忖度するという戦略が機能しなくなってしまっている。そのせいで、日本の外交は右往左往している。アメリカだって複雑な外交戦略を展開しているわけですけれど、その複雑な変数を処理できるだけの演算能力がもう当のアメリカにもない。それを眺めて、アメリカの後追いだけをしている日本政府には世界の「現場」で何が起きているのかを自力で吟味して、自力で対応策を起案するような知力がもうなくなっている。

日本全体に蔓延する未熟な「ことなかれ主義」

内田　神戸市で、二〇一四年五月三日に開かれた護憲集会に呼ばれて、そこで講演することになりました。すると、それまで護憲集会を毎回後援してきてくれた神戸市と神戸市の教育委員会が「後援しない」って言ってきました。政治的中立性を損なう可能性のある行事に公的支援はできないという理由でした。でも、これはおかしいと思う。僕は護憲集会で「憲法をたいせつにしましょう」という趣旨の講演をすることになっていたんです。でも、市長も、教育委員長も、特別職公務員なわけだから、憲法九九条で「憲法を尊重し擁護する義務」を課されている。彼らは辞令を受けるときに、憲法と法律と条令を遵守しますという誓約書に署名捺印しているはずです。その公務員の全業務の根本規範である憲法を「たいせつにしよう」という講演をするときに「護憲改憲いろいろな意見があるときに、護憲の立場を支援することは政治的中立性を欠く」という理屈で後援を拒否してきた。つまり、公務員の立場でありながら、

「憲法を遵守しよう」という主張は単なる政治的私見にすぎず、「憲法を廃絶しよう」という主張と同等に扱われるべきだという判断を公言したわけです。公務員が尊重遵守義務を公的に放棄したという憲政史上の一大事件だったわけですけれど、結局ほとんど問題にならなかった。

何度目かの取材のときに、これから市役所の方にも取材に行きますという記者の方にこうお願いしました。「たしかに、改憲、護憲といろいろな政治的意見があるのは事実である。だから、百歩譲って護憲という立場には政治的中立性がないということを認めてもいい。その代わりに、今後仮にもし自民党の改憲案が国会を通って、自民党の改憲案が日本国憲法になったときに、『憲法制定奉祝集会』や『護憲集会』が開かれたときにも『護憲改憲いろいろな政治的意見があるときに、護憲という特定の立場を支持することは政治的中立性を欠くので、市も市教委もこれらの活動を後援しない』ということを一筆念書に書いてほしい。それを約束してくれるなら、今回の後援取りやめについて、今後私はいっさい抗議をしないし、批判もしない。念書を書いて頂けるだろうか？」そう伝言してくれるようにお願いしました。そのあと記者の方から電話があったので「どうでした？」と聞いたら、「返事してくれませんでした」ということでした。

それでわかるとおり、別に市や市教委は政治的中立性に配慮しているわけじゃないんです。現政権に配慮しているだけなんです。「改憲」を掲げている政党が与党なので、「護憲」を主張する人間は「反政府的な不逞の輩」だということになる。そんないかがわしい人物の講演に市や市教委が名前だけでも貸したらいけない。そういうことを言い出した市会議員か県会議員がいたんでしょう。そういう小粒な連中が市や教委に脅しをかけた。たぶん、そんなことだと思います。市庁舎の役人や教員の人間が「内田に喧嘩を売る」ような面倒なことを自発的に思いつくはずがないですから。そんなことをすれば、いずれあちこちの新聞や雑誌に「神戸市と神戸市教委は」ということを何度も何度も書かれるに決まっている。役人は「問題になってメディアに出る」ことを嫌いますから、そんなことを自分から思いつくはずがない。でも、議員が「この内田というのはお上に逆らうワルモノだから、こういう人間を名目的にではあれ後援してはならない」というようなことを言ってきたら、現場の役人は抵抗できない。とにかく問題を起こしたくない。ですから、「今目の前で怒鳴りつけている議員のもたらす不快」と「そのうち内田が持ち出す（かもしれない）問題がもたらす不快」を秤《はかり》にかけて、とりあえず目の前のプレッシャーに屈服することにした。

でも、役人の主体的意思であるにせよ、地方議員の恫喝《どうかつ》があったにせよ、どこかの

「物言う市民」からの投書があったにせよ、そもそも安倍晋三は僕のことなんか知りもしないわけだし、僕が何かをしゃべったって、彼の政治基盤が揺らぐはずもない。だから、官邸から「内田の言論活動を制約しろ」なんていう指示を出すはずがない。そういうことをするのは全部「小物」なんです。「お上」はこういう人間をきっと嫌うに違いないというふうに「忖度」して、頼まれてもいないことをする。

こういう「忖度する小物」たちが今では日本の政治機構を機能不全にしている。トップダウンでさえない。下僚たちが、勝手に「上はこういうことをしてほしがっているのではないか」と想像力をたくましくして、自分勝手な行動を始めている。自分の考えではないから、それに対して責任を取る気なんかない。「たぶん、上の人はそう思っているだろう」という推測に基づく判断ですから、責任はあげて「上の人」にある。「上の人」はそんな指示を出した覚えがないわけですから、もとより責任を取ることなんかしない。つまり、「忖度システム」が作動し始めると、機構の中のどこにも責任者がいなくなるのです。「丁稚、手代　番頭、大旦那」が形成する「大店システム」の話をしましたけれど、今の日本は丁稚の小僧が「大旦那のご意向」を忖度して、それだけでシステムが動くという仕組みになっている。「超事大主義」とでも言えばいいのか。全員が上位者のご意向に従うことに懸命で、誰も責任を取る気がない。

白井　まことに驚くべき状態ですよ、これは。丁稚の小僧が何かつまらんことを言うと、「それは大変だ！」と言ってシステムの全体が揺さぶられる。ニーチェ流の皮肉な言い方をすれば、これぞ究極の民主主義です。こんなわけのわからない状態は、消費社会化の深化に関係していると思われます。つまり、忖度の文化が、官僚主義的ことなかれ主義とお客様は神様という考え方と結びついた。

立命館大学でもこんな事件がありましたね。非常勤講師がサークルの学生から頼み事をされた。授業の時間に教室に行って署名を集めたいという頼みです。朝鮮学校への高校無償化が取り消されたことに対して抗議をする署名です。それを受け入れた先生は当然、学生たちに「これはもちろん強制ではありません。署名をしたかどうかが成績評価に関係することはありません」と言ったうえで、学生団体による説明と嘆願書の配布、回収を許可した。これに対して受講者と思われる学生がツイッターに書いたのをきっかけに「朝鮮学校無償化の嘆願書への署名を講師が強制した」というデマが広がっていく。それがネットで拡散していって、大学は世間様に対する謝罪のような文書を出した。その教員に対しては注意までした。

これがどう考えてもおかしいのは、学生がツイッターで流した情報がデマの類に近いことです。学生が流した情報と、実際に教室で先生が言ったことが異なるのは、立命館大学の当局も認めている。にもかかわらず、学生に対する教育的指導は何もなく、その先生に対する注意処分だけが行なわれた。

要するに、立命館大学当局の人間は何も考えていないんです。とにかく面倒を起こしてもらっては困る、ただそれだけなのです。とにかく事態を穏便に済ませたい。それだけを目標として設定すると、今見たような対応がいちばん簡単なんですね。学生に対する教育指導の方が大事じゃないかという筋論から、まず第一に学生に注意をしたとする。するとその学生が「納得できない」とか言ってツイッターに書くかもしれない。というようなことが起こると面倒くさいし、それによって大学の人気が下がるかもしれない。そんなことを恐れているわけです。しかも、ほんとうにいやらしいのは、立命館当局が、今の日本社会に蔓延している排外主義の空気を読んだ対応をしていることです。腐ったものへの迎合です。立命館の知り合いの先生は「絶命館大学だよ」なんて自嘲《じちょう》していますが、いまやどの学校も状況は同じようなものでしょう。お客様第一、学生を教育の相手としてではなく単なる消費者として見ていることとが結びついて、悲惨な状態になっている。

内田　本来であれば市場原理とかビジネス・モデルを当てはめるべきではないところにそれを持ち込んでいる。そういう人たちから見ると、学生はクライアントであって、大学は教育サービスを提供している店舗であり、教員は従業員なんです。だから、クライアントから、「お宅の従業員の接客態度が悪いぞ」とクレームをつけられたら、事の真偽を吟味するより先にまず「それは申し訳ないことをいたしました」という態度をとることになる。学生や保護者は消費者だと思っていたら、必ずそうなります。そういう当局者は学生たちをもう教育の対象だとは見なしていない。「教育商品の買い手」だと思っている。僕が教務部長に在職中によくクレーマーが来ました。一番すごかったのは、電話をかけてきて開口一番いきなり「謝れ」と言ってきた父親です。「何のために謝るのですか。事情をお聞きしないと、こちらとしてもそうそう簡単に謝るわけにはゆかない」と答えると、激怒して「学生の親がこれだけ怒っているということは、すでに『怒らせたこと』については学校に責任がある。まずそれについて謝れ」と言うのです。なかなか複雑なロジックを操る親父でした。でも、その口ぶりを聞いて思ったのは、この男は「こういうクレーム」をし慣れているなということでした。あちこちの店舗とかレストランとかビジネスの取引先を相手にしたとき、事の理非や事実関係を吟味する前にまず「謝らせる」ところから入る。すると、それから後のネゴシエーションが大変有利に進められるということを経験的に知っている。だから、大学相手にもとりあえず「謝れ」という言葉から入ってきたんでしょう。彼が理解していなかったのは、学校というのは営利企業じゃないし、教師は教育商品を販売しているわけじゃないし、授業は商取引じゃないということです。受け入れた子どもたちを何とかして成熟した市民たらしめるためにさまざまな教育的努力をしている場所なんです。学校教育の目的は子どもたちの市民的成熟です。若い人たちに「ちゃんとした大人」になってもらわないと共同体がもたないから、何とか育てようとしている。だから、そこにまるで店舗で「店長を出せ」とか怒鳴ってくるような人間には「お門違いです」と言うのが筋目なんです。

だから、先ほどの話でも、ツイッターでデマを書き込んだ学生に対しては「君のその態度は、市民として未成熟である。そういうことをしてはいけない」と説諭すべきなんです。そういうのは、まさに教育機関がもっときびしく咎《とが》めなければならないタイプの未成熟さなんですから。教室で署名活動するのを許可したぐらいで大学が謝罪して、教員が注意を受けるのが常識なのなら、僕なんかとっくに罷免されていますよ。二〇年間、教室で言いたいことを言ってきたわけですから。自民党の悪口も維新の悪口も言いまくったし。もし学生がうちに帰って「うちの大学の先生が橋下徹の悪口言ってたわよ」と報告して、お父さんが維新の後援会員だというような場合は学校に対して「教員から非常に偏った政治的意見を一方的に九〇分聞かされて子どもは大変な精神的苦痛を味わったと言っている。大変不愉快だった。これに関して抗議を申し込む。謝罪して、発言を撤回しろ」というようなクレームがつけられる可能性がある。そんなことが通るなら、僕は何十回始末書を書かされたかわからない。政治についてならまだしも、例えば文学について話していたらどうですか。「私はその作家は嫌いだったが、内田先生は私の嫌いな作家のことをほめ続けて、大変な精神的苦痛を味わった。謝罪して、発言を撤回しろ」とか、取り合っていたら切りがない。

教壇から教師が語ることなんて、全部私見なわけですよ。科学的な仮説だって、それが斬新《ざんしん》なものであればあるほど「そんな仮説を聞かされて、強い違和感を覚えた」という印象を学生が持って当然です。学生たちが「それまで聞いたこともない話」を聞かせるのが教師の仕事なんですから。それに対して「誰も違和感を覚えず、誰もが納得できる公正・中立的な知見のみを語れ、蒸留水のようななんの偏向もなく、一〇〇％客観的に正しいこと以外教壇で語ってはいけない」なんて言われたら世界中の学校はその瞬間に全部消えますよ。

彼らがわかっていないのは、教育というのは教師単体でやるものじゃなくて、さまざまな私見を語る教師「たち」の集団的な営為だということです。どれほどの偏見を語る教師がいても、それとは違うことを言う教師が必ずいる。「内田はあんなこと言っているけど、あれは信じちゃダメですよ」と言う先生がいて、それで中和されているわけです。中和されているというのは無菌状態の学術情報を専一的に提供するということとぜんぜん違う。さまざまな毒のある情報が並存することで、毒性が中和されるんです。さまざまな偏った私見を浴びているうちに、「なるほど、人間というのは、このようなさまざまなタイプの偏見に取り憑かれ、それなりにつじつまの合った仮説を思いつき、学生たちを洗脳しようとしているんだな。でも、こちらだって簡単には騙されないぞ」という境地に至るようになる。そのためのタフな知的訓練の場として大学はあるわけです。そこに「私的な見解を押しつけられて不愉快だ。公正な意見だけを選択的に言い続けろ」と言うのは学校教育を根本から否定することです。学校というのは子どもたちにとって、だいたい不愉快なものなんです。子どもたちを自分がぬくぬくとその中で自足している「檻《おり》」から引きずり出して、「大人になれ」と言うことなのですから。そういう当たり前の筋目の議論がもう通らなくなっている。

白井　私は神奈川県の川崎市に住んでいたんですけれども、川崎市には日本映画大学があります。私立なのですが、川崎市がかなり支援をしているんですね。そこで、教員は専任であれ非常勤であれ、誓約書にサインさせられるというのです。誓約書には、教育活動において政治的な見解を述べないと書いてある。狂気の沙汰です。

内田　それはすごい……。というか、この世に「政治的でない発言」なんて存在しないでしょう？　すべての言葉はある意味で政治的なんですから。「世界はこう見える」といったら、それはすでに政治的言説となる。例えば「米ソ冷戦構造が終結して世界はグローバル化した」と言ったときに、「先生、それは政治的言明ですよね」と言われたら、どうするか。「先生の言明には東西二極だけがあって、第三世界に対する目配りがない。これは典型的に植民地主義的な言明である」とねじこまれたら「まあ、そうも言えるわな」と応じるしかない。でも、この世界について説明するすべての言明はそのつど政治的なわけです。政治的発言を禁じられて、どうやって政治や経済や社会のありようについて教えるんでしょう。

小手先の修理ではどうにもならないほど劣化

内田　先日、『里山資本主義』（KADOKAWA）をお書きになられた藻谷浩介さんとお話ししました。『里山資本主義』の前は『デフレの正体』（KADOKAWA）という本を書いています。藻谷さんと、なんで日本のシステムはこんなにガタガタになっちゃったんだろうという話をしていて、東京への一極集中の話になりました。三・一一の後に首都機能がマヒして、その後、会社なんかは分社化したり、本社機能を大阪に移したりとかしている。本来であれば、リスクヘッジのためには首都機能を分散するということが政治日程に出てきたはずなんだけれども、そういう動きがまったくない。

白井　逆ですもんね。

内田　どんどん首都圏に人も機能も集中している。権力も、財貨も、情報も、全部東京に集まるように作り込まれている。福島の原発事故処理がまだまったく収束のめどがつかない状況がある上に、首都直下型地震の可能性が言われ、富士山噴火のリスクさえ指摘されているというのに、ほんとうにリスクヘッジを考えていたら、首都機能を分散するに決まっている。でも、政府は何もしない。なんで手立てを講じないのかについて二人で話をしているときに、「もしかしたら、彼らは破局を待望しているんじゃないかな」と僕が言ったら、藻谷さんもそういえば……と言っておもしろい話を聞かせてくれました。

藻谷さんは日本全国いろいろな地域を自分の足で回っていらっしゃる方なんです。シャッター商店街や限界集落に行って、若い人がそういうところに帰農したり、新しい事業を起こしたり、ＮＰＯを始めたりするのを見て、藻谷さんはそういう活動を支援したりアドバイスしたりしている。不思議なのは、若い人たちがそういう活動を始めると、必ず妨害する人がいるんだそうです。それが誰かというと、老舗の旅館とか料亭の二代目、三代目なんですって。その地域そのものはどんどん地盤沈下している。もちろん、彼の店も地盤沈下している。先代からの店を受け継いでいるけれども、どんどん経営が難しくなっている。家名と店という重たい責務を背負っている。でも、どうもそういう人たちは無意識のうちに、その店が潰れることを期待しているんじゃないかというんですね。そういうことがあってしばらくして地方紙を見ると、地域活性化プロジェクトを妨害していた老舗の旅館とか料亭が倒産していると言うんですよ。倒産した後は、よその旅館の番頭になったり、年金で暮らしたりして、むしろ幸せそうな様子だと言うんです。自分が作ったわけでもないシステムを背負わされて苦しんでいる人がいる。時代にはもう適応できない。だけれど、受け継いだものだから、自分の手では壊せない。誰かに壊してもらいたい。だから、自然に壊れるようにしていきたい。でも、仮にうっかり地域活性化プロジェクトが成功して、また人が来て盛り返すと厭な商売を続けなければならない。だから、復興の可能性がありそうなプランを潰して回り、地域の地盤沈下を加速するような方向で動いている。無意識のうちに。それって、今の日本の指導層がやっていることと同じじゃないの、という話になった。

白井　似たような話は私も聞いたことがあります。例えば農業で新しい作物にチャレンジして成功したり、革新的な方法で商売を広げたりして雑誌やテレビに取り上げられる人がいますよね。地域おこしの中心人物として有名になる。そういう方々は、地元ではおしなべて嫌われているというんです。どうしてかというと、嫉妬ですよ。「あいつ、目立ちやがって、気に食わねえ」と。だから地域おこしをやっている人からすれば、地元なんてバカバカしくてやってられないという話なんです。このままじゃ地盤沈下して滅びるしかないというところで、新しい工夫をして盛り上げようとすると、足を引っ張られる。陰でこそこそ悪口を言われる。そうやって苦労されている方の中には、周囲の地域住民に対して深い軽蔑を抱いている悲しいケースも少なくないそうです。

こういった行動様式は、船にたとえられると思うのです。船員が自分の船の船長が気に入らないとする。嫌なやつだ。気にくわない。何とかしてあの船長をこらしめてやりたい。そう思ったときに、何をするか。船の底に穴を開けるのです。小さな穴だったら大したことはない。もっと船長を困らせてやろうと、どんどん穴を大きくして水を入れていく。船の外から見ると、なんて危ないことをやっているんだろう、いくら船長が憎いからって、船が沈んだら自分も終わりじゃないかと思うんですが、しかし、人間というのはそういうことをやってしまうものなのではないか。

それを実感したのが西武鉄道グループの堤義明氏が失脚する直前ぐらいの話です。どんどんスキャンダルが出てきました。あれは内部情報ですよね。内部の人間がマスメディアにリークしている。船底に穴を開けてどんどん水を入れている状態です。西武なんて巨大グループなんだから、倒産なんかしないだろうという安心感があるからやっていたんでしょうけれども。でも、あれで没落していって、海外のファンドに西武鉄道が売られてしまったわけです。これが人間の本性だとすると、なんというか実に業が深い。

戦後レジームからの脱却＝日本を壊すこと

内田　永続敗戦レジームというのは、今の日本の政治家たちにとっては、先々代ぐらいの人が制度設計して作り上げた老舗の旅館みたいなものだと思うんです。どんどん地盤沈下している。三代目の政治家たちはそれを背中に負っているんだけれども、もう細かいところを修復するような小手先の補正ではどうにもならない。システム全体が老朽化し、劣化しているわけですから。だから、無意識のうちにこのレジームの解体を願っている。今の政権がやろうとしていることはシステムの解体を加速することだと思います。「美しい国へ」っていうスローガンがその無意識の欲望をはしなくも露呈している。「美しい国へ」ということは、今のこの国は「醜い」ということですから。彼らの政党が戦後半世紀以上にわたって政権与党として管理運営してきて、安倍自身を二度総理大臣に選んだシステムを「醜い」というのは論理的には矛盾しているでしょう。彼がまったく浮かび上がれないシステムを「出来が悪い」と批判するのならわかるけれど、彼をして位人臣を極めるところに押し上げたシステムを「醜い」と呼ぶのは、変でしょう。

白井　そうですよね。「日本を取り戻す」っていうんだってふざけた話で、ずっと自民党政権だったじゃないですか。

内田　そうですよ。じゃあ、いったい誰が日本を失ったんだ、と。そう聞きたい。憲法を嫌うのも同じロジックですね。憲法というのは国の最高規範であって、日本の法体系の骨格そのものであるわけです。それに則って国のかたちが隅から隅まで整えられてきた。この背骨を「みっともない」と罵《ののし》っている。これはどう考えても公人としては異常な振る舞いです。私人としては憲法に対して批判的な意見を持つことはあり得るでしょうけれど、仮にもすべての公務員の頂点に立つ総理大臣が憲法に対して好き嫌いとか美しい醜いといったレベルでのコメントをなすことはあり得ないでしょう。それが抑制できないくらいに感情的になっている。戦後の日本が七〇年にわたって作り上げた仕組みを土台から全部ひっくり返したいと思っている。そう考えないと、彼の言動は理解できない。

白井　間違いないのは、「戦後レジームからの脱却」なるスローガンはある意味で成功するだろうことです。第一次政権のときに安倍さんは「再チャレンジ」と言っていました。ご本人、再チャレンジしました。有言実行の男なんです。だから、今回も有言実行です。ただし「戦後レジームからの脱却」は、彼が思い描いているのとは違う形で実現されるでしょう。

彼が言う戦後レジームは、私が永続敗戦レジームと呼ぶものと基本的に同じです。同じはずなのですが、しかし、それがどういうものかという認識が違う。彼のやっている政策は、戦後レジームからの脱却と言いながら、永続敗戦レジームをより純化していくものです。もう二〇年以上にわたってわれわれは空中を歩いているのに、さらにその無理なことをより徹底しようというのですから、いよいよ墜落するしかない。安倍さんは戦後日本というものをほんとうに壊すことになっていくんでしょう。
ただ、よくわからないのは、なぜ安倍さんのような名門の出の人間が、そんなにルサンチマンを溜めこむのでしょう。

内田　そういうことって、人間にはあるんじゃないですか。待ち合わせの時間に遅刻しそうだというときに、遅刻して「すみません」と謝るぐらいだったら、いっそタクシーが事故でも起こさないかなと思うことって。血まみれになって待ち合わせ場所によろよろ這いずっていったら、相手も「遅いじゃないか」なんて咎めない。自分が謝ったり責任を取ったりしなければならない事態になるくらいなら、破局的事態になった方がまだましだ、そういうふうに考えることがあるんですよ、人間て。
二〇〇五年に起きた姉歯建築士による耐震偽装事件がそうでした。構造計算で偽装した建築士が思うことは、どうせ地震が起きるなら大地震が起きてほしいということです。大地震が来ればどんな建物でも倒壊するけれど、規模の小さな地震であったら、自分が設計した建物だけが倒壊して、偽装がばれて、自分だけが世間の指弾を受ける。

それよりは、破局的事態になってくれれば、もう誰も自分のことなんか責めている暇がない。自分が謝ったり、咎められたりするくらいなら、全員が不幸になった方がいい。そういう考え方ってするんですよ。破局的事態によって全部チャラにするというのは結構魅力的な選択肢なんです。「一億総懺悔《そうざんげ》」みたいに、あまりにひどい事態になると、誰の責任だ、誰の科《とが》だというような話はもうしなくなる。もうみんな明日のご飯のことが心配で、人の不始末なんか問わない。ある程度システムが機能している中での失政はきびしく批判されるけれど、システムが瓦解してしまったら誰も責任を問わない。東電だってそうでしょう。福島原発事故がもっとずっと規模の小さなもので、被害も少なければ、「徹底的な調査を行なって、責任者をきびしく処断する」というようなことを政府が言い出したかもしれない。でも、ここまで話が大きくなると徹底糾明《きゅうめい》で政府部内からもぞろぞろと連座するものが出てくる。それはできない。リーマンショックのときに「大きすぎてつぶせない」(too big to fail)ということが言われましたが、破局的事態になるともう責任は問われない。

安倍首相の「戦後レジームからの脱却」路線はどこか破局願望によって駆動されているという印象を僕は抱いています。このあと仮に尖閣で日中間で偶発的に軍事的衝突があったら、安倍首相はすぐに国家安全保障会議を招集して、安全保障に関する全情報を特定秘密に指定して、報道管制を敷くでしょう。NHKニュースが「日本領海内において、重大事案が発生。日本政府は迅速かつ適切に対処しつつあり。以下、続報を待て」というような大本営発表をしておしまい。国会も召集されないし、メディアも何も報道しない。国民も国会も何も知らないうちに、戦争がどんどん既成事実化してゆく。戦争が起きたら、もう止めようがない。僕たちのようなのが「バカなことはやめろ」と言っても、のぼせ上がった人たちや好戦的なメディアに袋叩きにされるだけです。内閣支持率はうなぎ上りに上がって、反戦・非戦論者は「非国民」扱いされる。そういう事態になるのは目に見えている。目に見えているにもかかわらず、その方向にまっすぐ向かっているというのは自己破壊願望、破局願望に駆り立てられているからとしか思えない。

安倍首相のあの強硬なイデオロギー外皮は作り物だと僕は思っています。あれは外付けの甲冑《かっちゅう》なんです。本人だって重くて苦しい。重くて、冷たくて、痛い。でも、自分ではおろせない。誰かにおろしてくれと頼むこともできない。その甲冑を政治的に活用して総理大臣の地位まで達したわけですから。でも、もう脱ぎたいんです。脱ぐのにはどうしたらいいかというと、とにかく全部チャラになるような事態を招き寄せればいい。さっきの話の老舗の二代目と同じです。自分の店だけ潰れるのは厭だ。街ごと潰れてしまえば、自分の無能や非力は咎められない。だからシステムごと壊れるような政策を選択する。すると、どういうわけかそれが受ける。日本国民も実は無意識のうちに「こんな国、いっぺん潰れてしまえばいいのだ」という突き放した気持ちを祖国に対して持っているからです。だから、安倍さんに共感しちゃうんです。

例えば、自民党はこの間の選挙で大勝していますけれども、候補者の選定をみていると、とても未来の自民党を支えていけるような「使える人間」を登用していないですよね。イエスマンしか選ばない。

白井 いわゆるお友達ですね。

内田 タレントとイエスマンしか選ばない。上の顔色を窺《うかが》い、執行部の指示に機械的に従う「数合わせ」議員ばかり増えている。こんな連中ばかりなら、遠からず政権政党として成立しないぐらい弱体化することは目に見えている。でも、そういう使えない人間ばかり意図的に集めている。もちろん短期的には「官高党低」という体制を作って立法府を弱体化し、行政府に権限を集中することで事実上の独裁体制を作ろうとしているからというような合理的な説明はつけられますよ。でも、長期的に見たら、いずれ執行部に一喝されたら縮み上がってしまうような小粒な政治家ばかり揃えたら、いずれ自民党は解体的危機に遭遇する。なにしろ、特定秘密保護法にも集団的自衛権にも正面から反対する議員がいないんですから。

対米従属を強化する美しい国

白井　自民党も終わりへと向かってひた走りつつある。

内田　民主党の方はもっと速く走っているから、困るんですけど。

白井　はい。「神輿は軽くてパーがいい」という有名な言葉がありますが、これはその軽い神輿を担ぐ人々は足腰がしっかりしている人たちなんだ、という前提がないと成り立ちません。政官全体の構造で見ると、政治家が全体として「軽いパー」である一方、それを担いでいる官僚たちはしっかりしているのだ、という話でもあったわけです。ところがもう、「日本の官僚は優秀である」という命題はズタズタに引き裂かれた神話になりました。この人たちに任せておけばだいたい大丈夫、というのはもう一切ないのです。先ほど自民党がイエスマンの再生産機関になっているというお話がありましたが、おそらくは霞が関も同様なのではないでしょうか。そんな環境では、まともな人はどんどん辞めていくでしょう。

政界の動きに話を戻すと、二〇一四年オバマ来日の前日に、国会議員が一五〇名、靖国神社に行きましたね。大臣も一人いたし、副大臣だとか、自民党政調会長だとかもいました。「失望したのはわれわれだ」と言って有名になった衛藤晟一首相補佐官だとかを含む議員たちが、オバマが来る前日に大挙して靖国神社へ行った。二〇一三年末の安倍総理の靖国参拝に対して「失望」をアメリカが表明したという文脈を踏まえるなら、これは宣戦布告ですよ。

戦後レジームからの脱却といったとき、素直にその言葉を受け取るなら、対米自立を果たすということです。ところが安倍さんは戦後レジームからの脱却という一方で対米従属を強めている。特に安全保障をめぐって。解釈改憲によって集団的自衛権の行使を認め、アメリカにくっついて戦争をしに行けるようにした。

しかし、ここに来て、ほんとうに突き抜けてきつつある。歴史修正主義に関してアメリカからはっきりと嫌悪感を示されているにもかかわらず、ほんとうには撤回しようとしない。今後も歴史修正主義の言動を出したり引っ込めたりするでしょう。これは自立というよりも孤立といった方がふさわしい。全方位を敵にして、どこにも味方がいない状態です。もう北朝鮮と仲良くするぐらいしか、手がないいんじゃないですか。

だんだん国の在り方も似てきたし。たしかにこれは破滅したいんだと考えると、つじつまが合いますね。

内田　戦後一貫して偽装してきたわけです。だから、もういい加減、仮面を剝《は》ぎ取って、本音を言いたいということはあると思うんですね。「アメリカなんか怖くない」って。靖国に行く連中はその「禁句」をどこかで言いたくてしかたがないんでしょう。彼らがおそらく無意識のうちに待望しているシナリオは、さっきも出ましたけれど、尖閣をめぐって衝突が起こって、日本人みんなが逆上するというケースです。「さあ、中国と一戦交えるぞ！」という話になって、国民が狂躁《きょうそう》的な興奮状態になる。もちろん日本国民は当然日米安保条約第五条が適用されて米軍が出動し、自衛隊とともに人民解放軍と戦ってくれるものだと期待する。けれども、もちろん米軍は出てきません。何が悲しくてあんな岩礁一つのためにアメリカの兵士が死ななければいけないのか理由がありませんから。でも、日本人は怒りますよ。「尖閣は安保条約の適用範囲だと前に言ったじゃないか！」と食言を咎める。でも、アメリカはそういうふうに言っておけば中国が軍事的進出を控えるだろうと思って、ハッタリで言っただけで、本気で適用する気なんかはじめからない。だから、「むろんお約束通り、安保条約は発動する気持ちは十分にあるが、いざ対中戦争ということになると議会の議決がいる。中国市場に依存する企業や中国に生産拠点のある企業には『みなさんの会社の収益が激減し、在外資産も消えますけど、それでいいですか?』とお訊ねしなければならない。国内世論を『戦争してもいい』という方向にとりまとめるためにはだいぶ時間がかかるんです」と理屈をつけて、出兵をずるずる先送りにする。日本人は怒り出す。「なんでアメリカは軍を出さないんだ。七〇年間も基地を提供し、『思いやり予算』でさんざんムダ飯を食わせてやったのに、あげくがこの仕打ちか!」ということになります。

アメリカがいちばん恐れているのはそのシナリオです。日中間で軍事的フリクションが生じた場合にも米軍は出ない。アメリカには中国と戦争して得られるメリットなんか何もありませんから。でも、アメリカが対中宣戦布告しなければ、次は日本国内の世論が一夜にして「反米」に染まってしまう。戦後七〇年間「対米従属を通じての対米自立」路線を無思慮に歩んできたことの無意味さに国民的規模で気づいてしまう。そのときこそ久しく抑圧され隠蔽《いんぺい》されてきた日本人の反米感情が一気に噴出する。「安保条約即時廃棄、駐留米軍基地即時撤去、自主核武装」といった威勢の良いスローガンを喚《わめ》き散らす人たちが出てくる。日米安保が空語だったということがひとたび露呈してしまったら、このスローガンに反論することはもう不可能です。こうなったら世界中全部敵だ、中国でも韓国でも北朝鮮でもアメリカでも、どこからでもかかって来い。こうなったらみんなまとめて戦争だ、というような常軌を逸した言葉に国民たちが熱狂し始める。別にそれほど奇矯な話じゃありません。すぐ横に北朝鮮というモデルがあるじゃないですか。日本を北朝鮮にすればいい。北朝鮮より金があって、テクノロジーがあって、兵隊の頭数が揃っているんだから、北朝鮮よりもさらに「強《こわ》面《もて》」な国になろうと思えばなれないはずはない。「どうですみなさん、日本を北朝鮮みたいな国にしたら。民主制なんか要らないでしょ。独裁でいいじゃないですか。核武装して、徴兵制を実施して、周りのアジアの国々をまた踏みにじってやろうじゃないですか。そうしたらもう二度とどこからも侮られることはありませんよ」というような妄言《もうげん》を耳にしたら、ふらふらとそれに頷く人たちが出てくるに違いない。「それでいい、その方がいい、今の日本よりずっとましだ。なるほど『戦後レジームからの脱却』とは日本の『北朝鮮化』のことだったのか。これこそが『美しい国』の実相なのか」と喜ぶ国民が出てきます。絶対に出てきますよ。

でも、このシナリオにはたしかに一理あるんです。北朝鮮よりもはるかに経済力があり、人口が多く、技術力もある国が、「北朝鮮みたいな国」になって、ハリネズミみたいに周りに向かって針を立ててきたら、それまで日本を「与《くみ》しやすし」と見下していた国々もさすがに腰が引ける。「あんまり日本人を追い込むと、何するかわからないぞ」というような評価を得られるかもしれない。安倍さんが夢見ているのは、そういう「強面」な日本の未来じゃないですかね。

白井　私は彼にそこまでの根性があるとは思えないんですよね。ほんとうに尖閣でドンパチが起こって、自衛隊が出て交戦状態に入ったとき、それを首相が記者会見で発表する。安倍さんはそんな感じで将軍気分を味わいたいだけなんじゃないか。つまり幼児性です。そんな事態が生じたら、中長期的にどうなるのかという問題は、彼の知性の身の丈には余る事柄でしょうし。

宮崎駿監督が大変な兵器オタクだというのは有名な話ですが、このことが護憲など彼の政治姿勢と矛盾するじゃないかと言われたとき、彼は「そんなことはよくわかっている。兵器好きだというのは、自分の幼児性の表れだ。そのことはちゃんと自覚していますよ」と言っていました。

問題は何かというと、安倍さんとか右派と呼ばれる人たちがやっているのは、子どもの戦争ごっこのノリにすぎないんではないかということです。閣議決定で解釈改憲して集団的自衛権行使を容認するという無茶苦茶なことをやったわけですが、その意図するところは何なのか。アメリカにくっついて戦争して血を流させられるはめになるという批判はたくさん出ているわけで、彼らもそのくらいのことはわかっていると思います。

そういう意味で「危ないじゃないか」という批判は無効なのです。まさにそれこそ、彼らが望んでいることなのですから。彼らの動機の深部を見なければ、有効な批判は打ち出せないだろうと思います。

アメリカ軍のやる戦争にどこでも付いて行かなくちゃならないとなると、自衛隊を戦闘地域に送ることになる。例えばウクライナにＮＡＴＯが介入することになったら、自衛隊もウクライナに行かなければならない。最も可能性が高いのは中東だと思いますが、自衛隊員から犠牲者が出ることになる。その棺に日章旗が被せられて羽田に帰ってくる。そこで首相として沈痛な面持ちでスピーチをしてみたい。厳粛そのものという雰囲気の中で。このシーンは、たしかに政治家のキャリアのハイライトになるでしょう。戦後日本の政治家の誰も経験することのなかったシーンですから。彼らは、中国の台頭だの、アメリカの覇権の揺らぎだの、テロとの闘いの必要性だの、大国の責任だのともっともらしいことを言いますけれど、ほんとうにやりたいのはこれでしょう。だから幼児的だというのです。日本国民の安全を本気で守りたいと思っているのなら、国際的緊張を高めるような政策一本槍で行動するはずなどありません。だから、こういうもっともらしい発言は、全部建前です。ほんとうの欲望は違う。改憲しない限りそんな事態はあり得ないと多くの日本人は考えているのでしょうけれども、私が思うに順番が違いますよ。改憲して戦争へじゃなくて、まず戦争してそれから改憲へというのが、彼らの作ろうとしているルートです。改憲の発議や国民投票では、彼らは絶対に負けるわけにはいきません。では、どうしたら絶対に勝てるか。自衛隊が戦争に出ていって、死人まで出ているという状態になったら、もう事実として憲法九条の戦争放棄は完全に機能していないことになる。既成事実ができるわけですね。憲法九条はもう完全に守られていないという状態ができる。となると、改憲のハードルは著しく低くなる。既成事実を認めるだけのことになりますから。こういう展開がこの解釈改憲、集団的自衛権行使容認の狙いであり、道筋なんじゃないかと思います。

内田 二〇一三年の四月段階で、「改憲してはならない」という指示がホワイトハウスからあったんだと僕は見ています。安倍さんはその月の参院予算委員会で「村山談話」の見直しをすると言いました。安倍政権としては村山談話を継承する気はないと断言した。でも、そのわずか三週間後に「安倍内閣でも談話はこれまで通り維持する」と訂正をした。日本のメディアはこの食言についてほとんど批判的なコメントを行ないませんでした。「中韓からの反発を見て、外交的見地から判断した」と官房長官は説明しましたが、そもそも中韓に対する挑発の意図で行なった発言を「中韓が不快感を示したので撤回する」というのは説明になっていません。人の足を思い切り踏んでおいて、相手が怒り出したら「足を踏んだら怒るとは思っていなかった」と言い訳しても誰も信じません。それと同じです。あれはホワイトハウスから「ふざけたことを言うな」というきびしいクレームがついたのだと思います。日本の総理大臣が国会で述べた言葉を納得のいく理由を告げずにただちに撤回した場合、それは「アメリカから強い不快感の表明があったから」と解釈するのは日本の政治過程を見ている人間にとって一つの常識でしょう。

アメリカは村山談話の否定、侵略戦争の否定、東京裁判史観の否定が、そのまま憲法否定につながることを理解しています。だから、「その方向に進むことは罷り成らぬ」と官邸に告知したのだと思います。日本国憲法というのは改憲派が言う通りGHQが作ったもので、そこにはアメリカの政治的理想が盛り込まれている。アメリカ人が、独立宣言や人権宣言に始まる近代市民社会の理想を明文化して与えたのが日本国憲法です。これを否定するということは、アメリカの理想の根幹を否定することにつながる。それは理念的には許されない。

もちろん、アメリカが改憲に反対する理由はそれだけではありません。アメリカは非民主的で残虐な独裁者でも、自国の国益確保にプラスとなると思えば、いくらでも尻押しします。その点では、ダブルスタンダードを使い分けることをまったく苦にしない国です。だから、アメリカが日本をアメリカの政治的理想とは無縁だが、利用価値のある国と見なすならば、「改憲したければ勝手にしたらいい」という態度をとることもあっていい。でも、アメリカは今回はそうしなかった。ということは、現実的に改憲に反対する理由があったということです。

はっきりしていることは、改憲すれば中国、韓国と日本の外交関係が悪化し、東アジア情勢が緊迫するということです。誰が考えても、日本が九条を廃した場合に、「戦争をする相手」に擬されているのはその両国だからです。

改憲すれば、東アジア情勢は緊迫する。アメリカの西太平洋戦略は簡単に言えば、中日韓台が「同盟関係ができるほど友好的ではなく、戦争が起きるほど敵対的ではない」というあたりの適度の緊張状態のまま推移することです。人民解放軍もアメリカの軍産複合体もそれを求めている。戦争にならない程度の軍事的緊張が定期的にあることで彼らの利益は最大化するからです。

日本の改憲によって東アジアがこの「適度の緊張状態」を超えてしまうリスクがあ

ります。そうなると、アメリカの調停者としての仕事がさらに増えてしまう。シリア、イラク、イスラエル、アフガニスタンに紛争を抱えている身としては、もうこれ以上仕事なんかする余力がないわけです。「もう手一杯なんだから、これ以上仕事を増やすな」というのがアメリカの本音だと思います。二〇一三年の官邸への「改憲はノー」という指示はそのようなアメリカの意向を伝えたものだったと僕は思っています。

アメリカからの「改憲は罷り成らぬ」という指示を受けて、官邸はプランBとして特定秘密保護法と集団的自衛権行使容認の閣議決定を行ないました。特定秘密保護法は憲法二一条の「表現の自由ないし言論の自由、集会、結社の自由」を運用次第で空文化することのできる法律ですから実質改憲です。でも、アメリカはこれには反対できない。なぜなら、法制定の最初に掲げられた理由が、日米同盟でアメリカから供与される軍機が漏洩《ろうえい》することを防ぐということだったからです。米軍の軍機を守るために、あえて日本国民の人権を制約するという申し出ですから、アメリカの側には断るロジックがない。日本の方から「国民の権利を犠牲にしてもアメリカの国益を尊重したい」と言ってきているのですから「やめろ」とは言えない。「それはどうもありがとう」ということになる。

集団的自衛権も同じです。アメリカの世界戦略に追随して、軍事的に側面支援するという目的のための解釈改憲なんです。九条を実質的に廃絶するものですけれど、それは専一的に「アメリカの軍事作戦を支援する」ためだということになっている。これもまたアメリカとしては「やめろ」というロジックがない。改憲というプランAをアメリカが嫌ったことに対して、「アメリカの国益増大に専一的に奉仕するための制度改革である」という言い訳のついたプランBを差し出した。そうやって実質的に九条と二一条を空洞化してみせた。四月にアメリカから「改憲をするな」という指示が官邸にあってから、特定秘密保護法まで六カ月です。これだけの短い期間に抜け穴を見つけたとすれば官邸にかなりの知恵者がいるということですし、あるいは改憲のアドバルーンを上げてアメリカの反応を窺って、「ダメだ」というはっきりした意思表示があれば「アメリカに飴をなめさせる」プランBで応じるという二段構えだったとすれば、かなりの狡知だと言わざるを得ない。

ただ、いずれにせよ、官邸が知恵を用いているのは「どうやってアメリカを黙らせるか」という点です。いかにして表面的には屈辱的なまでの対米従属を装いながら、実質的に憲法を空洞化し、軍事的なフリーハンドを手に入れて「強面」国家として東アジア諸国に臨むか、それが志向されている。その方向性ははっきりしています。

白井 アメリカにとって止めるわけにもいかないやり方で事を進めているんですね。

ほんとうに小賢しい悪知恵だけは発達していますね。アメリカの日本に対する態度に関して言えば、まったくのご都合主義ですね。「もっと米軍の役に立て、兵器ももっと買え」と言いつつ、軍事的に日本が独立性を強め、憲法改正によって自立するようなことは絶対に許さんというわけです。けれども、国家間の話なんですから、そんなことは当たり前の話です。要はアメリカはアメリカの国益しか考えない。ところが、この当たり前の道理が認識されないのが戦後日本の特徴です。

この奇妙な構造があるのは、繰り返しますが、天皇制がモデルチェンジして戦後にも続いてしまったためです。その本質は忖度《そんたく》の構造だという話をしました。もう一つの欠点があるわけです。それは、ほんとうはアメリカは日本の国益のことなんか考えずに自国の国益を考えているだけだ、ということが見えなくなることです。日本を守るかもしれないが、それは日本を守ることがアメリカにとっての国益になる限りにおいてであって、彼らの善意から日本を守ってくれるわけではない。考えなくてもわかる当たり前の話なんですが、日本の特殊な対米従属はネオ天皇制ですから、この当然の道理が見えない。どうして見えなくなるのかというと、ワシントンは天皇みたいなものだと信じているから。天皇だから、天皇陛下が日本国民を愛するのと同じように、アメリカは日本を愛してくれているに違いないと信じている。アメリカは善であって、日本を愛しているという妄想がすべての認識の前に置かれてしまう。

なんでこういう妄想を後生大事に持ってきたのだろうか。遡って考えていくと、おそろしいことになります。つまり昭和天皇の問題に行き着くんです。昭和天皇がいわゆる「ご聖断」で戦争をやめた理由は何だったのか。本心では平和主義者であった昭和天皇が、臣民たちをこれ以上苦しませるのはしのびないというような愛と憐みの心からそうしたんだという物語があって、そのもとに日本国民という共同体ができている。もし今、アメリカの日本への愛というものを疑いだすと、遡ってあの戦争のときの天皇の臣民への愛もまた、疑わしいということになります。虚心に見れば、「ご聖断」は国民の救済よりも自己保身だったという側面を認めないわけにはいかなくなります。このまま戦争を続けると自分の身も危うくなるので戦争をやめた。

これは日本人がいちばん認めたくないヒストリーだと思います。実は天皇陛下はわれわれを愛していなかった、というのはあまりにもつらい。これだけは見たくない。だから、アメリカは日本を愛しているのだというフィクションにすがりついて生きてきた。

日本人の無自覚な愛と憎しみのねじれ

内田　天皇制の問題はもう少し根が深いし、国民の心理も複雑なような気もします。でも、アメリカの場合には「アメリカに愛されているわけではない」ということを日本国民は感じているし、だから、「アメリカ憎し」という感情も無意識の領域に抑圧されてはいますけれど、たしかに存在する。「天皇は日本人を憎んでいる」と言われても認める人はほとんどいないでしょうけれど、「アメリカは日本人を憎んでいる」と言われたら「そうかもしれない……」と思う国民は想像以上に多い。アメリカに対する日本人の感情はほんとうに両価的なんです。だって、アメリカを愛しているふりをしないと「いいこと」がない。だから、愛するふりをする。愛するふりをしているうちに、奴隷の主人に対する感情と同じで、いつかそれが自発的なものだと思えるようになってくる。私たちは誰に命じられるでもなく、自発的に隷従しているのだ、対米従属は自由意志に基づく振る舞いなのだ、だから対米的に隷従することこそが主権国家日本にとっての主体性の発露なのだという倒錯したロジックが生まれてくる。

でも、隷従していることの屈辱感と主人への抑圧された憎しみはそれで消えるわけじゃない。いつか機会があったら主人の寝首を掻こうと思っている。でも、その敵意は周到に抑圧されている。小泉純一郎首相がイラク戦争のときに、まっさきにブッシュ大統領への支持を表明しました。どう考えてみても、あのときの「大量破壊兵器」疑惑に基づくイラク侵攻は危険なものだった。ヨーロッパの親米的な国々でさえアメリカの軽挙を諫《いさ》めた。友邦としてはそちらの方が当然なんです。同盟国が危険な作戦に踏み込みかけたら「少し冷静になれ。事態を見きわめてから適切な行動を取れ」とアドバイスを与えるのがほんとうの友邦としての振る舞いでしょう。でも、小泉首相は高い確率でアメリカが泥沼にはまりこみ、国際社会での威信を失い、軍事的にも財政的にもダメージを受けかねないブッシュの無謀な政策に圧倒的な支持を与えた。僕の眼には、これは崖っぷちに立っている人間の背中を押す行為のように見えた。一見すると忠誠と友愛のポーズのように見えるけれど、底に悪意が透けて見える。

小泉純一郎というのは横須賀の人なんです。かつて大日本帝国海軍鎮守府があった軍港ですよ。それまで小泉少年が頼もしく見上げていた日章旗がある日から星条旗に代わった。この変化を正当化するために、その世代の日本の少年たちの一部は「アメリカと日本は一体だ」という不思議な物語を作り出すことで解決しようとした。星条旗と日章旗が同一のものを表象しているのであるなら、横須賀軍港の重要性を誇らしく思う少年のプライドは傷つかない。僕は小泉純一郎が典型的に示していた「アメリカへの過剰な同一化とその底に潜むアメリカへの敵意」は戦後日本人の琴線に触れるもののような気がするんです。彼が圧倒的な国民的支持を受けた理由の一つはそこにあるんじゃないかと思う。対米自立派というと民主党の鳩山由紀夫も小沢一郎もそうなんですけれど、彼らの対米自立感情には屈託がない。田中派の流れですから、アメリカは端的に「嫌い」なんです。でも、それは日本人の多くがひそかに抱いている両価的な対米感情とは手触りが違う。日本人にとってアメリカはそんなに簡単なものじゃないんです。もっとねじれている。

白井　中曽根さんなんかもそうですね。彼は「憲法改正の歌」という曲に作詞しています。「この憲法のある限り、無条件降伏つづくなり、マック憲法守れとは、マ元帥の下僕なり」とかいうまったく失笑もののできなのですが。あなたが居座っているからこそ、「無条件降伏つづくなり」という話ですよね。こんな歌を五六年に作りながら、後にはレーガン大統領に例の「不沈空母」宣言をするのだから、ねじれています。

内田　そうでしょうね。あの人は元軍人ですから。かつての敵国とべったりくっつくことで長期政権を守った自分の中に心理的なねじれが存在する。そういうねじれた政治家に日本人は共感するんです。安倍晋三もやはりねじれている。そんなに簡単な対米従属派ではないんです。安倍晋三の抱えているアメリカへのアンビバレントな感情、「いつかアメリカの寝首を掻くために、アメリカに添い寝している」という感じが、日本人には無言のうちに伝わる部分があるんだと思う。それが共感されているんじゃないでしょうか。

白井　どうなんでしょうか。親米保守の人たちはそのねじれに対して、どれだけ自覚があるのか。

内田　自覚はないですよ。自覚があれば、治そうとしますから。そこからしか対米従属を通じての対米自立という倒錯的な戦略の見直しは始まらない。でも、その病識がない。だから、治癒も始まらない。

白井　たぶんないですよね。

内田　僕はあるんです。僕は典型的な日本人ですから。自分の心理がどんなふうにねじれているか、わかる。反米感情と親米感情が自分の中でねじれて、絡み合っているのが自覚できる。対米従属を通じての対米自立という屈折した戦略の必然性も合理性もわかる。愛国心の果てに日本を戦争に導いていくというようなこともわかる。前にも言ったように、内田家は庄内会津の賊軍の血脈ですから、明治政府に対するルサンチマンもわかる。だから、僕が一九三〇年代に陸士に入っていたら、関東軍参謀たちのようなことをしかねないということも想像がつく。石原莞爾のものを読んだりすると、何となく共感できてしまうんです。石原は庄内ですからね。そういう思想にどこかで共感していることについての病識がある。どうしてこんな「変なこと」を考えてしまうのか、それを自己分析しながら、日本人の心理を考えているんです。

白井　なるほど。現代の文化の領域では、そのねじれを自覚的にテーマにしているのが、たとえば現代美術家の村上隆さんですよね。ところが、政治では自覚化できない。ここのところの政治家の発言、特に歴史修正主義の問題を見ていると、叩かれるたびに、「真意を説明する」と言いますね。日米関係が親子関係に似てきているなと感じます。

内田　そうですね。

白井　それこそ衛藤の名言で、「失望したのはこっちだ」と。これって、子どもの親に対する態度と同じです。「わが子をひいき目に見てくれるのが当たり前じゃないか。なのに、ひどいよ」という話です。

内田　でも、「そろそろ家を出ていこうかな」という気分がないと、「失望した」なんていう言葉は出てこないでしょう。少なくともそんな言葉を戦後日本の与党政治家が口にしたことはない。「失望」というような言葉は親しみのある関係を前提にしていないと出てこないですからね。戦後の日本はアメリカにとって直近の敵国だったわけですからアメリカを「身内」と思ったはずがない。「期待」があるから「失望」もあるわけで、それはアメリカを「身内」だと思っていて、「そろそろ家出の時分かな」と思っている。どんなふうな口実で、いつ家出すればいいのかを考え始めている。でも、自力で独立するだけの根性はない。家を出る理屈も思いつかない。だから破局を期待している。そのために、さまざまな形態のリスクをあちこちに仕込んでいる。日中、日韓関係もそうだし、原発もそうだし、首都圏への一極集中もそうだし、格差拡大を放置しているのもそうだし、アベノミクスもそうだし。そうやって仕掛けている爆弾のどれかがそのうち爆発して、収拾のつかない大混乱になることを期待している。家出をするのは難しいので、家が火事になればいいと思っている。「八百屋お七」じゃないけど、自力で今の日米秩序を変えたり、補正したりする力もないしヴィジョンもないので、全部ぐちゃぐちゃになるようなカタストロフの到来を待ち望んでいる。

第三章　否認の呪縛

「敗戦の否認」の呪縛

白井　先にちょっと触れましたが、以前、テレビの仕事で佐藤健志さんとお話しする機会がありました。二〇一三年に出た佐藤さんの『震災ゴジラ！』（ＶＮＣ）は非常におもしろい本です。一読して「これは俺とほとんど同じことを言っているじゃないか。同じように世界を見ているじゃないか」とびっくりしました。佐藤さんが述べているのは、おおむね次のようなことです。「日本人は敗戦をちゃんと受け入れていない。そこで歴史のつじつまが合わなくなっていることで日本人のアイデンティティが分裂している。また、ある種の破滅願望を抱えてしまった。ゴジラに象徴されているのは、日本人の歪《ゆが》んだアイデンティティである。福島原発の事故後の状況というのは、ゴジラがスクリーンから飛び出して日本本土を襲ってきたようなものだが、それに対して日本人はどういう対応をしているか。カバーで覆って、あたかもないことにしている。しかもそのカバーにプロジェクターで繁栄する日本を映し出して眺めているような状況である」

読んだときはびっくりしました。ほとんど私が考えていることと同じです。佐藤さんは四〇代後半の方です。

さらにびっくりしたことに、この本に収められた文章の初出は産経新聞社の『正論』なんですね。『正論』からこんなことを書く人が出てきた。文筆のキャリアは長い方なんですが、こういう言論が保守論壇の中から出てきて、保守論壇の無意識的前提をメッタ切りにしている。

テレビ番組では佐藤さんも私も、敗戦の否認が戦後の中核にあるということをかなりアピールしたつもりです。しかし、それはなかなか一般の人には理解してもらえない。そんな大昔のことがなんで、という感じになってしまう。そこで、もっと分析的に展開しないといけないと思っているのですが、とりあえず三つぐらいのディメンションに切り分けて考えてみました。「政治」と「経済」、そして「精神」です。「精神」というのは、われわれのマインドセットの部分、社会の全般のモードを規定する精神状態をとりあえずこう呼びましょう。だいたいこの三つで整理すると見通しが良くなってくるんじゃないかと思います。

いちばんわかりやすいのが「政治」ですね。対米、それから対東アジア諸国への関係の問題があります。この文脈では、領土問題や安全保障問題などもあります。「経済」となると、TPPの問題、さらにはグローバル化にどう対応するかという問題があります。

「精神」はずいぶん幅広いディメンションですが、いろんな問題があります。例えば東京都議会で起こった塩村あやか都議会議員（当時）に対する性差別的暴言問題。大きな問題だと思うわけですけれども、問題発言をした議員が自民党議員団から退くということで解決したことになっている。それがけじめのつけ方だというのですからふざけた話です。この事件で表面化したのは、人権であれ、あるいは男女同権であれ、近代主義的理念をめぐる問題です。日本社会は一九四五年以降、「それまでの社会の在り方は基本的に間違っていました」ということを認めて、これらの近代主義的な理念というものを受け入れた。それが国際的な約束であり、建前でもあり、あるいは国民に対しても、そう説明して再出発したことになっている。ところがこういう事件を通じてはっきりしたのは、「ほんとうはそんなもんは受け入れてねえんだ、俺たちは」という本音だと思うんですよね。あるいは、ヘイトスピーチの横行が一向に規制されないのも同じです（補記：二〇一六年にヘイトスピーチ解消法が罰則なしの理念法として制定され、いくつかの自治体ではヘイトスピーチ条例が制定された）。「人権なんて俺たちにはどうでもいいんだ」ということです。だから、これらの現象にも敗戦の否認の問題が入り込んでいます。戦後レジームが終わろうとしているときに、「こんなもの、俺たちは大嫌いなんだ。俺たちはほんとうは負けていないんだから、西洋流のリベラルな価値観なんて受け入れなくていいんだ」という本音が噴き出してきている。

とりあえずはこの三つのディメンションで何が起きているのかということをしっかり説明できれば、なんで戦後七〇年近くも経っているのにいまだ敗戦を否認するのか、そんなことになぜアクチュアリティがあるのかがわかるんじゃないかなと思います。

内田　白井さんのおっしゃるとおり、日本の場合は「敗戦の否認」が病因であるわけですけれども、日本以外の国も、すべて国民国家はその原点において何かを否認していると思うんです。すべての国は国の正統性について何らかの作話をしている。そこで国の成り立ちについての正統性の物語にうまくなじまない「不都合な現実」は否認される。そういう操作をしていない国って、たぶん一つもないと思う。それがすべての国で統治システム、社会システムの歪みの原因になっている。

アメリカは原住民の虐殺と土地の収奪というところから国の歴史が始まるわけです。それを何とかして正当化しないといけない。あれは正しかったと言い続けないと国がもたない。だから、そのあとの「未開人」を探し出しては教化啓蒙して人類史に貢献しているという物語を必死に語り続けている。

フランスもそうです。あそこは第三共和政の正統な後継政権であるヴィシー政権が対独協力して、事実上枢軸国であったという事実を否認している。フランスは連合国に宣戦布告こそしてはいないけれども、インドシナでは日本軍と植民地共同統治協定を結び、国内のユダヤ人を狩り立ててアウシュヴィッツに送り込んでいた。でも、そういう歴史的事実は抑圧されていて、それを開示するような歴史研究はまさに日本における歴史修正主義者たちの言い分と同じく「自虐史観」として排撃されている。だいたい、フランスは第二次大戦の敗戦国なんです。パリを解放したのは正統なフランス政府軍ではなくて、フランス政府から死刑宣告を受けたシャルル・ド・ゴールの自由フランスという一交戦団体なんですから。

イタリアはムソリーニ失脚の後、連合国とひそかに休戦協定を結び、ドイツの傀儡政権であるイタリア社会共和国と内戦を戦って、これを破っている。だから、イタリア王国には終戦時に「戦勝国」を名乗る権利があった。でも、僕たちはフランスは戦勝国で、イタリアは敗戦国だと教えられてきています。これ、おかしいんですよ。どちらかと言えば、イタリアが戦勝国を名乗り、フランスが敗戦国を名乗る方が筋なんです。これはもう終戦時のどさくさに「国の正統性の物語」を作話したときのフランスのド・ゴール将軍とイタリアのピエトロ・バドリオ元帥の「物語構成力」の差と言うしかない。

ドイツもそうです。ナチスにすべての「穢れ」を押しつけて、一般ドイツ人を免罪しようとした。だから、ナチスの戦争犯罪人をニュルンベルク裁判での苛烈な裁きに委ねることで、「一般ドイツ人はナチス独裁の犠牲者だった」という物語を何とか基礎づけた。日本はどうしてドイツのように謙虚に戦争犯罪を反省できないのだと批判する人がいますけれど、ドイツの場合はヒトラー、ヒムラー、ゲッベルス、ゲーリング元帥は自殺し、カイテル元帥、リッベントロップ外相らは死刑になった。戦争の名目上の最高責任者は日本の場合は軍の統帥権を保持していた「大元帥」です。ですから、天皇をヒトラーたちと同格に扱っていれば、ドイツのように日本軍国主義者にすべての「穢れ」を押しつけることで日本国民を免罪するという手が使えたでしょう。でも、天皇の訴追がどれほど日本人を憤激させるかを考えると、その選択肢はあり得ないものだった。だから、日本は日本独自のしかたで「敗戦の否認」を行なった。そういうことだと思います。それぞれ手立ては違うし、依拠した物語も違うけれど、敗戦事実をまっすぐに全面的に引き受けた敗戦国はどこにもありません。すべての敗戦国は程度の差はあれ「敗戦の否認」をした。たぶんその否認がもたらす病状が一番重いのが日本とフランスだろうと僕は思っています。現れ方はまったく違っていますけれど、「敗戦の否認」が政治の歪みの根っこにあるという点では同じです。

「何かの否認」により成り立つ国家

内田 「敗戦の否認」というキーワードで通覧してみると、満州事変からの一五年にわたる戦争もまた「明治維新の否認」として見ることができると思います。司馬遼太郎は近代史一二〇年の「四〇年説」を唱えています。明治維新から日露戦争までの四〇年が「坂の上の雲」をめざした向日的な時代だった。そのあと、陸軍参謀本部が支配した「魔の四〇年」があって、敗戦からあとまた「もとのまっとうな国のかたち」に戻って四〇年が経過した、そういう物語を『この国のかたち』で論じていました。司馬遼太郎ができるだけましな「作話」によって戦後日本を正当化しようとしたその意図は壮大だったし、僕は深い共感を覚えるのですが、問題はこのときに日露戦争から敗戦までの四〇年間を日本が本来のかたちから逸脱した畸形《きけい》的な「鬼胎」の時代だとして切り捨てようとしたことです。日本の国のかたちが維新後四〇年で突然変わってしまったというのは現象的にはその通りなんですけれど、僕の解釈ではあれは突然ではなく、戊辰戦争から後四〇年間にわたる賊軍差別・東北差別という事実の経時的な帰結なんです。なるべくしてなった。起きるべくして起きたわけで、「鬼胎」でもなんでもない。戊辰戦争の後始末の失敗が生み出した「嫡出子」なんです。明治政府によって「賊軍」とされて冷遇された人たちが戊辰戦争の「敗戦を否認」して、「明治レジームからの脱却」を企てた。それが明治政府が作り出したものをすべて破壊するというかたちで次の敗戦をもたらした。

先の戦争は多くの歴史家や戦史研究家が指摘するように、自虐的・自滅的な作戦が多かった。というか、むしろ自滅的なものが選好された。傷が深くなる作戦と、傷が浅くて済みそうな作戦だと、よりダメージが多そうな作戦が選ばれた。短期的には戦術にも合理性があったかも知れません。でも、長期的なヴィジョンはまったくなかった。山本五十六が開戦に先立って、近衛文麿首相に「是非やれと言われれば初め半年や一年の間はずいぶん暴れてご覧に入れる。しかしながら、二年三年となればまったく確信は持てぬ」と答えたと言われていますが、その程度の見通ししかなかった。戦争目的もはっきりしない。「暴れてご覧に入れる」というのは戦争指導者がこれから行なう戦争について形容する言葉としてはあまりに没論理的です。戦争というのは「暴れる」ものじゃない。何らかの政治目標があって、戦争はそれを実現するための方法的迂回《うかい》である。それはクラウゼヴィッツ以来の常識です。この段階ですでに日本の戦争指導部には危険な症状が発現している。

ある政体はつねにその発生時から「否認」のモメントを抱え込んでいます。政体の正統性を否定するような激しい情念を政体内部に抱え込んで、それを抑圧している。でも、政体の正統性を基礎づける「物語」が破綻すると、否認された情念が噴出してくる。抑圧された心的過程は必ず症状として回帰する。フロイトの言う通りなんです。システムを壊している当事者たち自身でさえ、自分が何でそんなことをしているのか意味がわかっていない。なんとなく、そういう「空気」なので、それに流されている。日本人が「空気」と呼んでいるのはしばしば抑圧された無意識の衝動が漏れ出ていることを言うんです。どうして「そんなこと」をするのか当の本人が意識化できないし、言語化できない。だから、止めようがない。

先の戦争が「戊辰戦争の敗戦の否認」の帰結だとすると、今の安倍政権の時代というのは明治維新以来二度目の「戦間期」ではないかという気が僕にはするんです。今は「二度目の戦前」ではないのか。前の戦争が終わって七〇年経って、次の戦争がもう迫って来ている。

ヨーロッパでは、一九一八年から一九三九年の間を「大戦間期」と呼びます。その時代はヨーロッパ全体を独特の精神状態が覆い尽くしていた。それに現象的に近いものを僕は現代日本にも感じるのです。あのときも反知性主義が猛威をふるっていた。ダダやシュールレアリスムや未来派は近代知性に対する挑戦でした。現象学やキュビズムは時間も空間も超えて世界を一挙に全的に把握する秘法があるはずだという信《しん》憑《ぴょう》に駆動されたものですけれど、これもまたこつこつと断片的な知見を煉瓦《れんが》を積むように集団的に積み重ねることを知的達成とみなす態度を否定するものでした。

大戦間期は近代の諸価値の無根拠性を暴くような言説が大いに繁盛しましたが、現代日本にもそれに通じるものを僕は感じます。嫌韓嫌中本やヘイトスピーチに見られる攻撃的な排外主義、橋下徹や安倍晋三に人格的に体現されている反知性主義。そういうものを歓迎する暴力的な風潮。

白井　なるほど。そのように一般化して考えると、少し救われる気がします。こういう歴史の局面を、人類はいろんな時代でいろんな場所で経験してきたのだ、ということですよね。

ただ、知的状況ということから考えると、ヨーロッパの大戦間期の思想って、ものすごく豊饒《ほうじょう》ですよね。ある意味、近代思想の中でいちばん豊かだった時代なんじゃないかとすら思うんですが。それと比べると、現代日本の知的状況はだいぶ劣るんじゃないかと思います。

内田 ヨーロッパの大戦間期において、知識人やアーティストたちは近代ヨーロッパの土台が崩れているという危機感に駆り立てられて、人間とはほんとうのところ何ものなのか、人間には何ができるのか、自分たちが設定していた限界を超えることができるんじゃないかというような超越志向があったようにも思います。反知性主義というより、「超‐知性主義」だったのかもしれない。たしかに、現代日本の「戦間期気分」には、そういう人間の限界を超える志向というようなものはかけらもみられませんね。

エリートたちに眠る内的破壊衝動

白井 はい。だから体制内でも、この流れはやばいと考えている勢力はいますよね。

その人たちは、基本的に合理的な思考ができる面々です。例えば、今でも自民党の宏池会的なグループは安倍さんなんかに比べればはるかにましです。それはそうですよ。それはそうなんだけれども、彼らがバランサーとして存在するんだ、みたいな見方が今の自民党の政治に対する一定のアリバイとして機能しているわけです。田母神俊雄さんなんかがよくこう言いますよね。安倍さんはいろいろ立場もあるから抑えて言っているんだ、安倍さんの本心は私とまったく同じなんだ、私は安倍さんが立場上言えないことを代わりに言っているんだ、と。田母神さんはいろんな間違ったことを言っているけど、こればっかりは正しいと思います。実際のところ、安倍さんも田母神さんも大差がないわけですけれど、政権全体として見れば宏池会みたいなのがあるから、バランスが多少なりともとれる。そして彼らは、明らかに考え方が違うはずの安倍さんを引きずり降ろそうとはしない。

だから宏池会みたいな勢力に軌道修正を期待するのはおかしいと思うのです。あの連中は唯々諾々と内閣の中にいて仕事しているんだから、結局は支えているんです。彼らは最終的に腹をくくって反安倍の決戦に打って出たりはしません。なんであのエリートたちは闘わないのかといえば、それは彼らの鼻持ちならないエリート意識のためです。彼らはエリートの中のエリートだから、国家がどう転ぼうと自分たちが国家の指導的中核にいるということ自体は変わらないんだ、という確信があるからだと思うんですよね。「どう転ぼうと、俺はどうせいつでも上にいるんだから関係ない、負ける可能性の高い勝負などしない方がいい」というスタンスでしょう。安倍政権みたいなものは打倒するべきだというのが私の立場ですが、それをやる勢力は今のところ権力の内部から出てきそうにもない。

となると、かなりハードランディングな仕方で状況は推移するほかないのかもしれない。つまりは破壊的事態へと進んでいる。そのような欲望が社会の中にあるということなのでしょう。先ほどの内田さんの話で「敗戦の否認」の概念がとても広がりました。そのようなものは諸国にあるものだと。それは共同体の内的な破壊衝動みたいなものとつながっているんじゃないかということですよね。

内田　安倍さんの「戦後レジームからの脱却」がある種の人々の暗い情念に点火するのは、その自己破壊衝動に共感している日本人が多いからでしょう。「こんな国、一度壊れてしまえばいいんだ」という自棄的な気分は右左を問わず、多くの日本人に共有されていると感じます。

宏池会的なものが本来なら自民党内でバランサーとしての役割を果たすことで自民党は構造的に安定してきたわけです。自民党が安定的な長期政権をほんとうに目指しているなら、そういうリベラル派が出てきて「まあまあ」と安倍さんを取りなすということがあって然《しか》るべきなんです。そういう調停役が出てきて落としどころを探ると、国民は納得する。でも、それが出てこない。そういうバランサーが出てきてしまうと、自民党政権がずっとこのまま安定的に続いていって、中国や韓国との外交関係も好転してしまい、経済政策の致命的な失敗も起きないかもしれない。それでは困るんです。今のシステムがしばらくまた延命するのは厭なんです。みんな、苛立《いらだ》っているんです。やるならだらだらしないで、一気に崖っぷちまで行きたいんです。壊れるものなら、早く壊してくれ、と。

　メディアの論調を見ても「落ち着け、冷静になれ」というものはほとんど見られない。とにかく「変化」を求めている。暴走族の特攻隊長は信号無視して先頭を切るわけで、横からトラックが来たら即死することを覚悟している。でも、死ぬなら死ぬで、それは「神の御心」であるというような宗教的高揚に近いものを感じている。低速でちょろちょろと走って、信号が赤になったら止まって左右確認をするというような走りじゃ興奮しないんです。死ぬかもしれないと思うから赤信号にフルスロットルで突っ込んでいくんです。そういうカタストロフ願望が左右を問わず日本人全体に瀰漫《びまん》している。たぶん太平洋戦争突入前の日本人の気分にも通じるものじゃないかと思う。

何か起きてほしい。それが最悪のことであっても、「赤信号で止まって、左右確認してからちょろちょろ走る」ような生き方を続けるより「まし」だと多くの人が思っている。それくらいに苛ついている。

白井　たしかにそうなんですけど、他方である意味、それってもうすでに起きていると思うんですよね。三・一一という形で。あれは三陸沖で起きた地震だったけれども、東京でも帰宅困難になってみんな大変なことになったわけですよね。あんなに遠くで起きた地震ですら、都市機能が麻痺《まひ》する。ましてや首都圏直下型地震が起きたらどうなるんだろう。これだけ多くの人が密集して住んでいるということ自体が、とてつもないリスクであるという現実があぶりだされたわけです。ドラスティックに対策を打たなきゃいけないでしょう。それは自明なことだと私なんかは思うわけだけれども、政治は何もしないどころか、ますますリスクを高めるような一極集中を進めているわけですよね。

あるいは原発事故のことに関しても、なるべくそれを忘れようとする国民の傾向が非常に強い。だから、一方でカタストロフィックなことが起きることを待望するような無意識がありつつ、実際そういうことが起きると、起きたら起きたで、「何も起きていない。あんなのは大したことないんだ」というこれまた現実の否認がある。なんだか奇妙な方のバランスというか、アンビバレントな状況にあると思います。

内田　否認すればするほどリスクが高まる。当然のことです。実際に原発事故を徹底的に精査して、精密に被害評価をして、二度と事故が起こらないようにしましょうということになったら、もう事故が起きなくなっちゃうから、それは困るわけです。巨大な事故があったけれども、あれは何でもなかったということにしてぐちゃぐちゃにごまかすのは、別に東電の利益を確保したいとか、関連官庁の監督責任をうやむやにすることが目的であるわけじゃないんです。事故をうやむやにすると、これからあとさらに巨大な事故が起こるリスクが高まる。それを待望しているんです。あんな原発事故があって、どれほどの国富が失われたのか計算も立たないうちに、「電力コストが安く上がるから」という理由でまた原発再稼働を決めるなんていうのは、コストのことをほんとうに考えていたら出てくるはずのない結論なんです。別に彼らは原発だと火力より金が節約できるからというようなちまちました理由で原発を稼働させたいわけじゃない。原発を稼働させると原発事故のリスクが高まって、次に事故があったら、日本はもう人間が住めなくなるかもしれない。それを期待しているから再稼働に前のめりなんです。無意識のうちに破局を求めている。短期的には経済合理性にかなうように見えるけれど、長期的には不合理な選択を平然と選ぶのは、その不合理な選択こそが彼らのほんとうに欲望しているものだからです。

白井　経済でもインチキな経済政策を打ち続けた方がバブル崩壊の衝撃は大きくなりますね。

内田　ＳＴＡＰ細胞事件のときに週刊誌が「リケジョ」とか持ち上げておいて、そのあと一気に落とす。最初に持ち上げておいた方が、落とすときの落差が大きくなるから、できるだけ高く持ち上げるんです。「こいつはそのうち落ちる」と思えば思うほど等身大を超えた持ち上げ方をする。

カタストロフ待望って誰にでもあるのかも知れない。『方丈記』の中の印象深いシーンって、みんなカタストロフなんですよ。大火であったり、飢饉《ききん》であったり、大風であったり。でも、読んだあと、僕たちもそれしか覚えていないんです。大廈《たいか》高楼《こうろう》が倒壊するさまを見て「諸行無常」を感じる。そのとき、「ここが原点」だという確信が得られる。方丈の庵《いおり》に住んで、無一物で暮らしている自分のありようがいちばん真っ当な、地に足が着いた状態なのだと思う。鴨長明でも吉田兼好でもそうですよね。いろいろと人工的な制度を作り上げて、それをさまざまな物語で装飾するのを見ていると、「こんなもの全部滅びてしまえばいい。そうすれば、人間がほんとうにあるべきかたちが現れてくる」というシニカルな気分が嵩じてくる。カタストロフ願望というのは、日本の伝統的な無常観に根を持つものかもしれません。それまで営々として築き上げてきたものがすべて灰燼《かいじん》に帰して、「俺たちがしてきたことは、いったい何だったんだろう……」と呆然自失して、諸行無常を感じること。それこそが人間としてあるべき本然のかたちではないのか。そういうふうな心性って、日本人の中にはあるんじゃないですかね。死骸が鴨川を流れていくのを見下ろしながら「なんだかすごいことになっちゃったな」とつぶやきながら、「まあ、こういうのが俺たちには似合っているんだよ」と思って、足が地に着いている実感がする。

一九四五年の八月一五日も帝都の廃墟《はいきょ》を見ながら、敗戦国民たちはみんな妙に明かったっていうでしょう？　戦争が終わったからと言って泣く人もいたでしょうけれど、ほとんどの人は焦土と化した自分たちの街を見ながら、「やれやれ」という気持ちになった。それは自己同一性と現実が一致して安定感を得たからじゃないでしょうか。これが自分たちの原点だ、ここから始めるのだ、と。

今、政治学は何ができるのか

白井　私は政治学を専攻してきたわけですが、こういう状況に対してどうもうまく介入できないもどかしさがあります。そもそも政治学には無意識みたいなものを分析しようというツールがない。ほんとうはあったんですよ。例えば丸山眞男の戦後の論文だって、国民の無意識の分析みたいな試みになっていますね。ところが科学的政治学みたいなものが打ち出されて、計量的な手法が幅を利かせるようになってくると、全然無意識に迫るというようなテーマからは離れていく。もっと大胆な方法が求められていると思います。

内田　何年か前、アメリカ政治を専門にしている政治学者と会ったことがあります。僕はアメリカ人の集合的無意識に興味があって、その関心からアメリカの小説を読んだり、アメリカ映画を見てきた。アメリカ人は無意識のうちに何を欲望しているのかを知ろうとしてきた。属国の国民としては宗主国の人たちがほんとうは何を欲望しているのかを知ることは最優先の学的課題ですからね。だから、ずっと集中してアメリカの大衆文化を観察してきた。そういうところに一番無防備に無意識的欲望は露出しますから。でも、その政治学者と話しても、なぜアメリカはこのような政策をとるのか、彼らをドライブしている原動力はなんなのかということについては何の関心も示さない。

アメリカがある政策を採る場合、つねに短期的な合理性はあります。ホワイトハウスの報道官の説明を聞けばいつだってもっともらしいことを言う。でも、そのような短期的には合理的に見える政策を繰り返し採用して、繰り返し失敗している。そこにはたしかにパターンがある。なぜ彼らはほとんど自罰的なまでに、同じ失敗をそのつど適当な正当化の根拠を示しつつ繰り返すのか。そのパターンと、そのパターンに固執する理由を僕は知りたいわけです。彼らがほんとうは何ものであるのか、何をしたいのかが知りたい。アメリカ研究というのは、そういうことだと僕は思います。でも、多くのアメリカ研究者はそうじゃない。宗主国アメリカ人の考え方や感じ方やアメリカ人の論理構成を学習して、身につけて、「宗主国民みたいに振る舞って、属国民である同胞を見下す」ことを目的にしている。現在のアメリカのありようはもう既定の動かしがたい現実であって、それに基づいてどう振る舞うかが問題であって、何がこの国をこのようなかたちにしているのかについては何の関心もない。

白井　それは、日本の今の対米従属レジームがいかにぶったるんでいるかということですよね。内田さんがおっしゃったように、属国の国民としては、親分がいったい何を望んでいるのかは重要な問題です。何せ親分が何をしでかすかわからないというのはとても怖いことなはずです。その中でも生き残っていくためには「何を考えているんだ。何を望んでいるんだ」ということを必死に考えなきゃいけない。

ところが、分野によってはそれこそ永続敗戦利権――原子力ムラに擬《なぞら》えて安保ムラとも呼ぶらしいのですが――で食っているような学者がわんさかいる一方で、「長期的に見てアメリカは何を望んでいるのか」なんていうことを考える人は、そういう利権共同体に入りにくい。そんなやつは入れてやらない、万が一入っても出世させない。徹底排除して、そういう面倒なことを考えない人たちだけが、アメリカとのパイプというか窓口みたいになっている。親米路線を忠実に奉ずる者たちだけで利権を独占するという構造は、すでに長い間そうなっているのでしょうけれど、おそらくかつては、そこに肚《はら》はあった。今では、親米路線以外の可能性を想定しただけで、ある種の利益共同体から排除されるようになっているんじゃないでしょうか。たぶんこれって岸信介と安倍晋三の質の大きな落差とパラレルなんでしょう。

内田　岸信介や佐藤栄作や田中角栄までの世代の人たちは、アメリカにコントロールされながら、どうやってそのコントロールを出し抜くかを考えていたと思うんです。そして、早めに対米面従腹背だった。とりあえず短期的には徹底的に対米従属する。それは国家戦略としては間違っていないんです。実際に、占領されてから六年間、徹底的な対米従属をしたことの代償として、五一年にサンフランシスコ講和条約で主権を回復した。さらに二〇年アメリカの世界戦略を全面支持し続けたら、七二年に沖縄の施政権が返還された。国土が回復されたのです。対米従属は「引き合う」というのは、この時点までの日本の政治家の経験的実感だったと思います。でも、それでこの戦略に居着いてしまった。僕はこれを「待ちぼうけ」戦略と呼んでいるんです。『韓非子《かんぴし》』にある話です。ある農夫が畑仕事をしていたら兎《うさぎ》がやってきて木の株に当たって首の骨を折って死んでしまった。農夫はその兎を持ち帰り、兎鍋にして美味しく食べた。次の日から兎が来て木の株に当たって首の骨を折るのを待って日を過ごしているうちに畑は荒れ果て、農夫は国中の笑い者になった……そういう話です。僕は沖縄返還から後の四三年間、ぼんやり指をくわえてアメリカから「兎」を放り投げられるのを待っている日本はこの『韓非子』の「守株待兎」の逸話の農夫にそっくりだと思います。たしかに日本の場合は、対米従属の見返りに二度

「いいこと」があった。でも、だからこれからも未来永劫《えいごう》対米従属をしていれば「いいこと」が続いて起こるだろうと推論することは論理学的に間違っている。現に、沖縄返還からあと、日本は主権の点でも、国土の点でも、アメリカから何も「兎」を受け取っていない。沖縄の基地は帰ってこないし、横田基地も帰ってこない。年次改革要望書で毎年のように「あれをしろ、これをしろ」と言いつけられるけれど、日本がアメリカの政策について改革要望書を出す日は永遠に来そうもない。

ある政策が合理的であるのは、投じた資源とリターンとの相関がある場合だけです。日本の対米政策は一九七二年から後、圧倒的に非対称的なものになっている。ということは一日経つ毎に、日米同盟の合理性は減じているということです。アメリカとしては、日本人が「対米従属は引き合わない」ということについて国民的合意に達してもらっては困る。だから、こんな片務的な関係をいつまでも続けられるとは思っていない。そろそろ日本に「次の兎」を投げ与える時期ではないか。そういうことを国務省内では議論していると思います。沖縄基地の縮小なんていうのは、とりあえず「次の兎」としては適当なものです。だから、日本政府がこれを要求してきたら返す用意はしていると思うんです。でも、日本政府はそんなことは言ってこない。言ってこないどころか、沖縄県民の意思を踏みにじって暴力的に基地の県内移転を進めて、県民の犠牲の上に海兵隊の利便を図ろうとしている。「日本政府はもう『兎』は要らないのか?」と国務省の役人は考えているんだと思います。「要らない」というのならやらないけどって。日本はある段階から、対米従属戦略そのものが自己目的化してきてしまって、それがアメリカから日本の国益にかなう譲歩を引き出すための戦術的迂回であったということを忘れてしまっている。

日本がアメリカの属国だということを、
日本人はどれだけ受け止めているか

白井　日本がアメリカの属国であるという事実には、やっぱりリアリティがないんじゃないですかね。これは皮肉でもなんでもなく、メディアがバーチャルリアリティを作り出す力のすごさの証拠です。「ともかく日米というのは友好なんだ」と。「アメリカ様は日本に対して愛情を持っているんだ」という虚妄の前提を作っているわけです。

先にも言ったように、戦前の天皇制が戦後は国際化して、天皇の位置がアメリカに取って代わられたというのが私の持論です。なぜそんなシステムが必要になったかというと、アメリカが日本を愛していないかもしれないということになると、さらに遡って、昭和天皇は全然国民を愛していなかったんじゃないかという疑惑になるわけで、これは国民にとって最も受け入れがたいトラウマになる。なので、「昭和天皇は国民を愛している」という幻想を保たなければいけないから、「アメリカは日本を愛していた」という幻想も保たれなければならない。しかし国家関係において愛情だの、友情だのなんて、そもそもあり得ません。冷戦構造が崩壊してグローバル化したときに、アメリカの日本についての経済的位置づけが変わりました。庇護《ひご》するべき対象から収奪の対象になったんです。

内田　その通りです。

白井　最初に表れたのが七〇年代のニクソンショックであり、次にプラザ合意だったと思います。そこで起きたのがいわゆるマネー敗戦ですね。

宮崎駿さんが二〇〇〇年ぐらいにこんなことを言っていました。たしか『ハウルの動く城』が出たときだったと思います。曰く、八〇年から現在（二〇〇〇年ごろ）までの歴史の流れは、太平洋戦争のときと同じだというのです。どういうことかというと、目的もわからないままに戦争を始めて、最初は「勝った、勝った」と喜んでいた。ところがいつの間にか戦況が悪くなって大変なことになっている。現在（二〇〇〇年ごろ）は、戦時中でいえばインパール作戦あたりの時期に該当するのではないか。会見でそういうことを言っていた。

こういうことを二〇〇〇年くらいの段階でおっしゃっていたのは、流石《さすが》です。現在から見るとものすごく実感できる話になっている。どういうことかというと、八〇年代、日本は大勝利を収めていたわけですよね。経済戦争という形で対米戦をずっと闘ってきた。闘って、ついに八〇年代にアメリカを打ちのめすわけです。アメリカは何とか反転攻勢しなきゃいけないと考えた。その後、アメリカ経済が見かけ上持ち直してきたのが、グローバル化という流れによってだった。

ここでの問題は何かというと、明らかに日本は経済領域で対米戦争をしていたわけなのですが、そのことに無自覚だったし、かつ、その戦争目的が何であるのかがわかっていなかった。だから、勝ちきった時点でそのヘゲモニーを維持するための行動を何もしなかった。そうこうしているうちにいつの間にか反転攻勢を掛けられて、あっという間に収奪される対象へと落ちぶれてしまった。たしかに宮崎駿さんが言う通り、第二次大戦のときとそっくりなんです。

内田　江藤淳がアメリカに行ったとき、商社マンをしている中学・高校時代の友人と会ってニューヨークで飯を食ったというエッセイを読んだことがあります。友人は

「とにかく俺たちはアメリカと闘っているんだ。前は負けたけど、今度の経済戦争は絶対勝つ」と熱く語っていたそうです。たしかに敗戦時に一五歳くらいの世代だとそういう気分はあったんじゃないかと思います。兵隊に取られるぎりぎり手前の年齢で、死ぬ覚悟はできていたけれど、徴兵される前に戦争が終わってしまった。でも、個人的な戦争はまだ終わっていない。だから、戦後はそれとは違うかたちでアメリカと戦い続ける。ある世代まではそういう意識があったと思います。しかし、やっぱりこの発言は公的には抑圧されている。日本人の旧友同士が、ニューヨークの日本料理屋で昼間から日本酒を飲みながらおだをあげているときには口にされるでしょうけれど、公然とは言えないし、書くこともできない。そういう公然とは口にしないが、暗黙のうちに共有されている思いというのがある意味いちばん始末に負えないんです。

この世代は敗戦のときに「二階に上げられて梯子《はしご》を外された」と思っている。本土決戦を信じていたら、いきなり降伏ということになった。「撃ちてしやまん」「一億火の玉」じゃなかったのか。その世代の不完全燃焼した愛国的情念は行き場がないんです。江藤淳も石原慎太郎もそうですね。彼らは「アメリカに次は勝つ」という「敗戦国民の常識」を戦後も保持していた例外的な人たちだった。世代的に彼らより上にはいないし、下にもいない。孤立した世代なんです。でも、戦後の言説空間では「次の戦争では「アメリカに勝つ」なんて言葉は、思っても口にできなかった。その屈託した心情で日本は経済競争にかたちを変えた対米戦争を八五年くらいまで戦ってきた。そういう世代がもう日本社会の第一線から消えてしまった。ある意味で日本の経済的活力を推進してきたいちばん強いルサンチマンが消えてしまった。あとにはただの「経済競争に勝ったやつが偉い」という看板だけが残った。経済戦争を一種の「模擬戦」として戦ってきた世代と、金儲けのために金儲けをしている世代では、経済活動の意味がまったく違う。だから、世代交代以後、日本経済が背骨を失って、骨のない軟体動物のようなものになってしまう。そして日本経済が長期低落期に入る。

白井　モチベーションが崩壊しちゃったということでしょうか。何とかしてあの負けを取り返すんだという。

内田　エズラ・ヴォーゲルが「ジャパン・アズ・ナンバーワン」って言ったころには、それなりの意識があったと思うんですよね。例えば政治で世界を領導することはできないけれど、電気製品や自動車のスペックなら日本人が世界標準を作り出せるという気負いがあった。代償行為ですけれどね。属国だから、政治イデオロギーや政治システムでは世界標準をご提示できない。でも、「ものづくり」でなら世界標準を作り出せる。それで国民的なプライドを保持できると思ったんじゃないですか。

白井　経済的に世界的な勝利を収めた瞬間に、政治では何を言っていたかというと、中曽根康弘のレーガンに対する不沈空母発言です。ずっと属国でいますということを宣言し、レーガノミクスにファイナンスしてあげた。しかし、結局レーガンがレーガノミクスで何をやったかといったら、軍拡競争にソ連をもういちど引きずり込んで、ついていけないソ連を崩壊させた。それでもって冷戦構造が崩壊するわけだから、日本にとって地政学的に見て快適な環境が壊れた。だから、非常にバカげた話なんです。自分にとって最高の環境を、わざわざお金を貸して、というか正確にはお金をあげてぶち壊したんですから。自滅なんです。

だから、経済的に勝利する一方で、その経済的な勝利というのが何に基づいていたのかを日本は理解していなかった。あのときに国際政治の中でそれまでとは違う地位を確立しなければならなかったのに、アメリカの傀儡であることを選び続けた。何しろもともとルーツを辿っていけばアメリカからお目こぼししてもらった元ファシストのような人たちがやってきた政権ですから、例えば統一ドイツのような立ち位置を占めることは国際環境的にできない。そこから没落していくことになったわけですね。

九〇年代になってようやく、アジアへの着地ということを真面目に考え始めて、村山談話や河野談話も出されるわけですが、今になってその着地の試みを躍起になって否定しようとしている。少々長めのスパンで見れば、ただ単に支離滅裂なことをやっているだけです。

内田　その直前に日本にも分岐点はあったように思います。中国との国交回復です。僕はリアルタイムで経験したので覚えていますけれど、一九七二年の日中共同声明から後の日本における親中国気分と、中国での親日気分の盛り上がりはすごかったんです。今では想像もできませんけれど。あらゆる領域で日中交流が始まった。日本中が中国ブームで、「中国こそわが友邦」という気分が国民的規模で横溢していた。この日中の蜜月《みつげつ》時代は八七年の親日派の胡耀邦の没落で終わるんです。胡耀邦の失脚の原因の一つは中国での国家的イベントの最前列三〇〇〇人分を日本から派遣されてきた青年たちのために用意したことでした。当時、カウンターパートにいたのは中曽根康弘ですが、中曽根首相がそれまでやっていた靖国神社への公式参拝を八五年から取りやめたのは、そういうことを続けると親日派の胡耀邦の党内における立場が悪くなることに配慮したためだということは中曽根自身が書いています。

ですから、七〇年代、八〇年代を通じて、中国とアメリカの両方に「いい顔」をして、その勢力均衡を利用して、国際社会の中でのプレゼンスを高めていくという路線は、自民党田中派を中心にして、かなりの支持者がいたんです。メディアでも、親中国的な論調が支配的だったし、中国でビジネスチャンスを狙う財界人たちも中国との接近を図っていた。その時期には日本国内のさまざまなセクターで「アメリカ・スクール」と「チャイナ・スクール」でかなり激しいヘゲモニー闘争があった。最終的に、アメリカ派が勝利して、日本の指導層の中における親中派の勢いは減殺されてしまう。それが日本が自力で「対米自立」について考えた最後の試みだったと思います。あ、もう一つ鳩山由紀夫の「東アジア共同体」構想がありましたけれど、これはもう口にされた瞬間に日本国内の「アメリカ派」に叩き潰されましたから、二一世紀に入った時点では、もう「日米同盟基軸論者以外は出世できない」という仕組みは完成していたんでしょう。

知への反発とオタク文化

白井　学問の方向から見ると、八〇年代というのは非常に特異な時代で、ニュー・アカ・ブームが起きた時代なわけです。「ジャパン・アズ・ナンバーワン」というようなことが言われて敗戦がある意味観念的に乗り越えられたことと、ニュー・アカ・ブームみたいなものというのは、振り返るとどこかでつながっていたんでしょうかね。経済的に最先端に立ったという気分と、西洋近代的な価値観を相対化するという気分がシンクロしていたように思えます。しかしそれは社会の実際の在り方とは遊離したものだったことが今露呈しているのだと思います。近代を乗り越えたどころか、最小限の近代性すら存在しないことが露わになっているのですから。

例えば、人権の問題があります。人権概念は欧米の国際政治上の武器として使われる一方で、普遍の価値として真面目に追求されてもいる。黒人の少年が警官に撃たれる事件が全米で大騒動を引き起こしていますが、日本だったら想像もできません。例えば、すでに現実に入管による暴力沙汰など起きているわけですが、それで全国的にデモが起きるどころか、大した関心を集めることさえない。アメリカでは黒人の少年が、たとえ強盗をやったかもしれないけども、殺されたということでこれだけの運動が起きるのは、差別の禁止・人権は絶対であるという物語が単なる建前としてではなく存在するからだと思います。ところが「人権なんて虚構だよね」って日本では言えてしまう。「虚構だよね」っていう指摘は、その虚構が社会に一定根づいているところでは批判的ポテンシャルを持ちえるのでしょうけれど、そもそもそれが社会的共通了解として定着していないところで虚構性を言い立てても意味がない。こういう空転が日本のポストモダンだったのでしょうか。

内田 友人の美術史学者に聞いた話ですけれど、フランス人の建築家が日本の学会に来たとき、成田空港から東京まで来る途中の車窓から林立するラブホテルを見て、「おお、ポストモダン」って叫んだそうです。たしかにあんな建築、世界にないかもしれない。今思うと、バブル期に日本は西洋近代の美的な枠組みを捨てたんだという気がしますね。七〇年代のラスベガスの建築と似ている。

地方都市の結婚式場もすごいですよ。ギリシャの神殿みたいな造りになっていたり、ヨーロッパのゴシック教会みたいな造りになっていたり。不思議ですよね、信者が一人もいない教会で、キリスト教式に結婚式をやる。あれは紛れもなくポストモダンですね。もし意図的なのだとすれば、あれは西洋近代を冷笑しているわけですよね。ヨーロッパの審美性も宗教性もまとめてパロディにしているわけですから。たぶん、そういうことも日本人は無意識にやっているんでしょうね。かたちを変えながら、明治以来、日本人は間断なくヨーロッパ的な価値をひっくり返して、戯画化して、茶にするということをしているのかもしれない。

白井 その延長線上で、二〇〇〇年代に入ってから東浩紀さんが『動物化するポストモダン』（講談社）を書いてヒット作になった。この本は、思想的ブームとしてのポストモダニズムが終わった後に、あえてポストモダニズムを、しかもそれをオタク趣味という大衆文化の広がりの中に見出そうとした仕事だったといえそうです。ここで東さんが取り上げたオタク趣味に、ある種の政治性が付与されてくるようになったのが、ここ数年の現象であるように見えます。

数年前から自民党の麻生太郎さんあたりが露骨に政治利用を企てるようになったわけですが、そういうことが起こり得たのはなぜだったのか。オタク文化といっても非常に多様なので一概には言えませんが、少なくともその一部は萌《も》え漫画・アニメに代表されるように小児性愛の欲望を丸出しにしている。性的ファンタジーを通して表現される未成熟性のあられもない肯定ですね。そのことと、日本的ネット文化、ヘイトスピーチの運動はまさにそのネット文化から出てきたわけですが、反知性主義的な憎悪の噴出が、どういう意味で並行しているのか、考えてみなきゃならないと思うのです。

どうもニコニコ動画と自民党は表沙汰《おもてざた》にできないような形で提携しているらしいという話があるし、ツイッタージャパンと自民党との関係という話も出てきている。これらの話の真相は今のところはっきりしないわけですけれど、ＩＴによって普及したオタクカルチャーがいつの間にか右翼的なものと親和性が高くなってしまった一面があることはたしかなように思える。自民党の工作部隊の活動によってそうなるよう誘導されたのだという話もありますけれど、それだけでは説明がつかない。もともと親和性がなければ、いくら工作をかけても功を奏さないはずです。これはどういうことなのかな、と。

内田　反近代、反西洋というところで言うと、オタク文化と安倍政権は親和性が高いと思います。ただ、オタク文化もマンガまで含めると、レイヤーが無数にあるわけで、一概には論じられない。人気の高いマンガは必ずしもオタク的なものではないですから。井上雄彦のように世界的に評価されているマンガには「オタク」的な要素はほとんど見られませんし、尾田栄一郎の『ワンピース』も反近代的ではあるけれど、提示されている倫理は信義とか友情とか事の筋目を通すとかいうごくごく「まっとう」なもので、これもオタク的ではない。だいたい尾田栄一郎さんは『昭和残俠伝』と『東海遊俠伝』のファンだそうですから、ポストモダンどころの話じゃないんです。そういうある意味で前近代的なエートスを描いた作品が二億部三億部というスケールで売れるわけですから、マンガを読んでいる少年少女がそこに何を求めているのかは軽々には言葉にできませんね。

日本のマンガは手塚治虫以来七〇年の歴史がある。その厚みは半端じゃない。だからオタク文化の中にネトウヨ的メンタリティと親和するものがあるとは思うけれども、それはやはり一部でしょう。ヨーロッパやアジアの人がマンガに熱狂する理由はそこにはないと思う。日本のマンガ文化もなかなか底が知れないんです。「わかっているけれど、あえて言挙げしない」ということがそこには描き込まれている。
日本はアメリカの属国だということを僕や白井さんが書いても、誰からも「違う」っていう反論は来ないですよね。「いや、そんなことはない。日本は堂々たる主権国家である」と正面から反論してくる人っていない。公的には「そういう話」になっている。「日本は主権国家である」という前提で制度が設計されている。心で思っていることと、実際に口にされる言葉の間には乗り越えられないほどの乖離《かいり》がある。

白井　属国であることに納得しているんだったら、主権国家であるという前提で物を考えられるわけがないのに。矛盾ですね。

内田　属国という前提で物を考えるという訓練を一度も受けたことがないからでしょうね。でも、そういう人たちだって、平気でしょう、「日本はアメリカの属国です」と言われても。本気で日本は主権国家だと信じていたら、怒るはずじゃないですか。でも、誰も怒りませんよ。無視です。

白井　私もそういう抗議は受けたことがないですね。言われてみれば、驚くべきことです。

内田　ないでしょ。暗黙の了解なんです。「それは言わない約束」の暗黙の了解。だから、主題的に議論する習慣がない。

白井　要するに、「みんなわかっているけれども、抱えている傷を見ないようにしているので、そこに塩を塗り込むようなことを言うんじゃない」と。

内田　そうです。でもときどき誰か野蛮な人に塩を塗り込んでほしいという気分もある。だって、現にこうして僕らに対するメディアの需要があって、「日本は属国です。主権がありません」という言説を繰り返し言わせるというのは、「ときどき塩を塗ってください（そうしてもらわないと忘れちゃうから）」という人たちがたくさんいるということですよ。

アジアで孤立しているように見えるのはなぜか

内田　僕はこのところ韓国に三年連続して行っているんです。僕の本も一〇冊くらい翻訳されている。ちょっと変な話なんですよね。韓国で講演すると、聴衆はすごくフレンドリーなんです。一体韓国社会のどこに「反日」気運なんか存在するのだろうと不思議な思いがします。たぶん日本のメディアがある種の特殊な政治運動だけを選び出して、選択的に報道しているんじゃないですか。僕が会った限りでは、多くの韓国市民は日本に対して親近感を持っている。日本と韓国は同じような問題を抱えているから、それを共同的に解決したいと願っている。教育崩壊とか、格差問題とか、グローバル化に対する不安とか、日本も韓国も苦しんでいる問題は同じなんです。だったら、お互いの経験的知見を共有して、隣国同士支え合って生き延びていきましょうという話になる。実際僕が講演でそういう日韓の共生の話をすると熱い拍手を受ける。

でも、そういう市民的レベルでの親日気運を日本のメディアはほとんど報道しない。韓国での親日的な活動よりも反日的な活動の方がずっとニュースバリューがあるからでしょう。でも、おかしいと思うんですよね。僕が毎年のように韓国に行って講演しているとか、僕の本が三年間で一〇冊翻訳されるなんて、これは「ちょっとした事件」じゃないですか。もし、日本の出版社から一人の外国人の書き手の本が三年間に一〇冊訳されたら「どうして？」と思うんじゃないですか。でも、日本のメディアは僕の本が韓国で集中的に翻訳されていることにまったく関心を示さない。日本と韓国の間に市民レベルでのコミュニケーションのパイプが存在しているということが気に入らないんでしょうね。日韓に相互理解なんか成立されたら厭だなと思っている人たちがメディアの要路を占めているわけですから。

韓国はたしかに民主化が遅れているし、政治システムも問題が多い。でも、反共法が廃止されて、政治的自由が法的に整備されてからまだ三〇年しか経っていない国なんですよ。その国に対して、あれこれ注文が多すぎると思う。韓国の政治システムがうまく機能していないとしたら、その責任のいくばくかは江華島事件以降の日本の帝国主義的なコミットメントに由来するものなんですから。

白井 私たちは中国人・韓国人といった面々と日常的にしょっちゅう接触する機会があります。私がよくかかわる学生や同僚にもいます。それでお互いに「われわれはだいたいのところこんな考え方をしているんだよ」という話をして、相互理解を深めようとしているわけです。しかし、そんな日常は全然ニュースなんかにならない。ニュースになるのは、いがみ合っているという話だけです。こういう傾向は、日本だけでなく中国や韓国でも見られるように思われます。「われわれは結局いがみ合うしかないんだ」というイメージ操作が各国で行なわれているわけです。

どういう動機に駆られて、こうしたイメージが選好されているのでしょうか。何か世代的な後ろめたさみたいなものがあるんでしょうね。

内田　後ろめたさはあると思いますね。「何で俺たちが韓国に謝罪しなきゃいけないんだ」っていう気持ちが。俺が始めたわけでもない戦争の責任をどうして俺が問われなくちゃいけないんだって、本気で思っている人たくさんいますから。でも、国民国家ってある種の連続性があるもので、連続性がないと立ちゆかない。「戦争したやつらが悪いんで、俺は関係ない」とは言えない。幻想的ではあれ死者たちとも共同体を形成しての国民国家であるわけですから。だから、僕は韓国で戦争責任について聞かれたら、「ほんとうに申し訳ないと思っています」って答えますよ。こちらがていねいに謝罪すれば、ほとんどの場合「いや、あなたが韓国を占領したり、戦争をしたわけじゃないし」ということで話は終わるんです。こちらが謝ると、「おう、だったら誠意を見せろよ、誠意」というようなヤクザのようなことを言う人なんか僕は一度も会ったことがない。謝罪すればいいじゃないですか。謝るというのは相手にこちらの謝罪の意思が伝わるかどうかであって、何を言うかという言葉のレベルの話じゃない。実際に「すみません」という気持ちがあれば、どういう言い方をしたって構わないと思う。僕は個人的には旧植民地民に対して旧宗主国民は「収奪してすみません」と言うべきだと思っていますから、その気持ちをそのまま言葉にする。僕は死者たちが犯した罪を同国民である限り、引き受ける義務があると思うから、謝る。僕はそれが当然だと思う。僕は自分は死者たちの身内だと思っているから、死者が犯した罪や負った借財は「自分の債務だ」と思う。

白井 ところがそのような道理が通用しなくなっている。原因はいくつかあると思うのです。日本国民の感覚がヨーロッパ大陸の国々と違うのは、四方を海に囲まれているから攻め込んだり攻め込まれたりという歴史的経験が少ないことです。近代以前だと、元寇、秀吉の朝鮮出兵くらいですよね。白村江の戦いとなると、もう昔すぎて日本人にとっては実感が湧かない。これはある意味、幸福なことでしょう。過酷な状況が少なかったということですから。そういう歴史の経緯があって、近代になって交通が飛躍的に濃密化して、台湾・朝鮮の併合、そして日中戦争という経験をした。戦争のあと、どうやって和解に持っていくのかという経験があまりに少ないのです。

もう一つは、日本が戦争に負けたときと、世界的に植民地主義の時代が終わったときが重なったということです。そこから、「欧米列強がやったのと同じことをやっただけなのに、どうして俺たちだけが道徳的に非難されるんだ、俺たちに罪があるとすれば、それは遅く来たことだけだ」という不満が出てくることになる。この不満をストレートに言い表すと、安倍首相のような「侵略の国際的な定義は決まっていない」みたいな発言になる。

内田　あまりに想像力が欠けていると思う。自分がもし日韓併合時代の韓国人だったらどんな気がしただろうって、そんなに難しい想像じゃないでしょう。日本に支配されて韓国人がそんなによい思いをしたというのなら、タイムマシンで送り込んでやるから、その時代に韓国人になって暮らしてみろよ。

白井　プラスして内田さんがよくおっしゃる「日本には大人がいない」ということだと思うのです。「なんで俺たちだけが悪く言われるんだ。英米なんてもっと悪いじゃないか！」という叫びに一片の真実はあります。しかし、それを言えないということが敗戦したことの意味であって、そのことを理解しているのが大人だということですよね。この言葉を飲み込むしかないというところからしか、ほんとうの意味での敬意を受けられるような態度は生まれてこないはずです。それがどういう態度なのか、われわれはもっと具体的に練り上げていく必要があると思います。それがそのまま日本の歴史修正主義的衝動への批判となり、解毒剤になると思うのです。

日本にはまだ「負けしろ」が十分ある

内田　ここに来て中国に対しても、韓国に対しても、強い競争意識を持ってきてますね。同じ資源を取り合って暮らしている動物たちみたいに、向こうがだんだん太って、図体が大きくなって、たくさん飯を食うようになってきたら、「俺の分まで食うな」っていう気分になる。同じニッチを分け合っているということが前提になっているわけですから、基本には強い親近感がある。言語でも、宗教でも、食文化でも、価値観や美意識でも、中国、韓国とは近いものがあることを感じている。感じているからこそ、彼らが進出してくると相対的に自分たちの割り前が減るんじゃないかという不安を感じる。アメリカ人がいくら偉そうにしても、フランス人がいくら金持ちになっても、日本人は別に激しい反発をしないと思うけれど、同じアジア人が威信を増し、裕福になると、なんだか腹が立ってくる。そういう心理があるんじゃないかな。

白井　たしかにアメリカの大学でも、ポストの配分であるとか、研究プロジェクトに対する予算のつき方だとか、露骨な次元でプレゼンスが低下しているようです。かつては日本研究関係に関して多くの予算がついていたのに、あるいはポストがあったのに、これはもうグッと減った。どこに振り向けられましたかというと、圧倒的にチャイナであると。

内田　金の匂いもそうだし、やっぱり日本がほんとうに勢いを失ったということでしょうね。戦後一貫してアメリカは日本をアジアにおける最重要のパートナーとして認識していたじゃないですか。けれど今はもうそうじゃなくなった。それだけのことでしょう。

白井　そうなんですよ。それだけのことなんです。別に焦る話じゃないんですよね、本来は。人口が大きい国は、重要視せざるを得ないというだけです。それなのに、アメリカにとって日本がアジアでの最重要国でなくなると、世界の終わりだみたいに感じてしまうというのは滑稽です。他方、最近インターネットでおもしろい図表が転がっていたのを見ました。日本の各都道府県の経済規模をいろんな国に当てはめて見ている。例えば、沖縄県一つでウルグアイと同じ。そのくらいあるんですよね。山口県でクロアチアと同じだねとか。

内田　ＧＤＰが？

白井　ええ。そういう数値から見ると、日本が依然として巨大な経済力を持っていることは間違いないわけです。クロアチアの人だってウルグアイの人だって楽しく暮らしているじゃないですか。これだけ十分なものを持っているわけだから、あとは上手に活用して食っていけばいいんじゃないですかという、かなりお気楽な話だと思うんですけど。たしか内田先生、あれは『GQ』にでしたか、お書きになっていましたよね。「日本はまだ負けしろがある」と。

内田　経済競争の中だって、国民資源の豊かさというのは日本は他国とは比較にならないわけですから。世界にほんとうに類を見ないぐらいに厚みのある「負けしろ」があるわけですよ。

白井　そういう意味では全然焦る必要もない話で、のんびり生きていけばいい。たしかにかつてアメリカは日本研究にずいぶんお金もついていて、それに比べると今は少なくなってしまったけれども、それは国の規模を考えれば、中国の方が圧倒的な大きさを持っているわけだから、そういう趨勢《すうせい》になるのは仕方がないことです。そういう意味では日本のプレゼンスが最高度になったのも、異常な状態だったということでしょう。

内田　アメリカの場合、日本研究に資源を投じたのは、日本がリスクファクターだったからでしょう。八〇年代まで、日本はアメリカにとってパートナーであると同時にリスク要因でもあったわけですよ。それが日本が衰退してきて、リスクではなくなった。だから、限られた地域研究の資源を日本に投じる必要がなくなった。ルース・ベネディクトの『菊と刀』のような日本研究の必要がなくなったのは、日本がもう「敵」としてもパートナーとしてもたいしたことのない存在になったからでしょう。かつては「どうも怪しい、底の知れないやつらだ。潜在的な敵かもしれない」と思っていたから大枚を投じて日本研究をした。研究をしなくなったのは怖くなくなったからですよ。でも、今みたいな政権だとこの先何かのはずみでアメリカを面倒な事態に引きずり込むリスクがある。だから、今頃は国務省が金を出して「いったい日本人はこれから先アジア隣国とどういう関係を持つ気でいるのか？」についての地域研究は始まっていると思いますよ。

第四章　日本人の中にある自滅衝動

事実認識が正確にできないようになってしまったのはなぜか

内田　僕は韓国だけでなくてこの三年連続で、自衛隊にも講演に呼ばれているんです。防衛研究所に呼ばれて、日本の安全保障について講演しています。聞いているのは佐官クラスの制服組と官僚たちと軍事産業の社員たちが三分の一ずつ。制服組はこのあと将官に任官して第一線の指揮を執る人たちなんだけれども、僕の話を実に真剣に聞いてくれます。

最初呼ばれたときはどうせ「色物」見たさの一回限りの企画だろうと思って、言いたい放題言って、そのまま逃げ帰ってきた。そしたら、翌年もまた呼ばれた。二年目は研究所長が代わって、その人はいささか懐疑的な様子で僕の講演を後ろで聞いていたので、これはもう呼ばれないだろうと思っていたら、また次の年も呼ばれた。その所長に「いや、去年の話は大変おもしろかったです」と言っていただきました。

僕がどういう主張をしているのかは先方はもとよりご存じなはずで、そんな人間に日本の安全保障についてのレクチャーを依頼するということは、「日本はアメリカの属国である」という話をしても構わないのだろうと思って、そういう話をしました。それを自衛隊員たちが黙って聞いている。そういうものだと思うんです。フロントラインにいる人たちというのはプラグマティストですから。政治的に正しい意見を聞きたいわけじゃない。ほんとうの話を聞きたいわけです。軍事上のパートナーであるアメリカが何を考えているのか、どういう世界戦略の中で自衛隊をどう位置づけているのか、それを理解したい。だから、どんな政治的立場の人間からもたらされる情報でも構わない。自分たちの役に立つなら聴く。そういう態度ですね。自衛隊はさすがプロだなと思いました。

白井　現場のプロは冷静ですね。全然現場を知らないような連中に限って、タカ派的な言動をする。基本的には安倍晋三もそういう気質だと思うんです。最近やっていた『NHKスペシャル』の自衛隊についての番組を非常に興味深く見ましたけれども、やっぱり自衛隊の現場と「積極的平和主義」のような政治のスローガンとは、まったく乖離していると感じました。ここ一〇年、二〇年ぐらい自衛隊がやってきたPKO活動というのは、国際的にも結構高い評価を得ている、と。そういう実績を積み重ねてきたところで、安倍さんの路線は「ますます活躍してもらいますよ」というのだけれど、自衛隊の現場からすれば「それは全然違う話じゃねえか」と思っているのが伝わってくる。もちろん彼らは政治的発言を規制されていますから、ストレートには言わないんですけれども、間違いなくそれが本音だろうと思うんですよね。そこら辺はどうですか。防衛研究所なんかで話されていて、今の政権が取っているような方向性と現場の人たちとの温度差について知りたいですね。

内田 僕を講演に呼ぶというわけだから、バランス感覚はいいですよね。クールな人たちです。できるだけ広い範囲で情報を取ろうとしている。情報を解釈する文脈もできるだけ多様であった方がいい。憲法集会で護憲の発言をするというので、後援を拒否した神戸市に比べると防衛省の方がはるかにオープンマインドです。それだけ自分たちの職務に本気だということです。

白井 そう。だから、「積極的平和主義」なんて、現場からすればもういい加減にしてくれ、という話だと思うのです。

このスローガンは、「戦後レジームからの脱却」という要素をたしかに含んでいます。そもそもこの場合の「平和主義」に意味はありません。現代国家で、「平和主義」を表看板にしない国はありませんから。だから、「平和主義」の内容は、「安全保障政策」とイコールと見ていい。「積極的安全保障政策」ということでしょう。「積極的」

という言葉遣いは、これまでの日本の安全保障政策が「消極的」だったということを示唆していますよね。たしかに、安全保障政策は「積極的」なものと「消極的」なものに大別できる。後者は、できるだけ戦争から身を遠ざけることで国家の安全を保つという方針だといえます。憲法九条はこの方針のシンボルだといえる。これに対して前者は、「積極的」に敵を名指しして、その敵を攻撃したり無力化することによって安全を保つということなのでしょう。で、第二次大戦後から今に至るまで、そういう積極策をずっと採り続けてきた国があります。アメリカですね。このアメリカの軍隊の動きに自衛隊の活動を一体化させることが、「積極的平和主義」ですよね。

これはたしかに大転換です。戦後日本の平和主義の内実はどういうものだったか、今あらためて問われています。すなわち、憲法九条の歴史はその空文化の歴史だったし、非核三原則なんてまったくの嘘っぱちだったことが完全に明らかになって、実は国民も前からそれを薄々知っていたわけです。にもかかわらず、戦後日本＝平和国家だという建前から逸脱しなかったのは、あの敗戦・焦土化を経て、「戦争に強いということをナショナル・アイデンティティにするのはもうやめよう」というコンセンサスが非常に幅広くできたからだと思うのです。保革にまたがって、この考えは広く受け入れられていた。

ですから、自衛隊の活動領域がなし崩し的に広がって、ついにはイラク派兵までやってしまったわけですけれど、それでもこのコンセンサスは放棄されてはいなかった。だから、安倍晋三がやろうとしていることはたしかに新しいのです。彼はこのコンセンサスを破壊しようとしているのですから。「積極的安全保障政策」を採るのなら、「戦に弱い」のではお話になりません。現場が当惑しているとすれば、それはこのような価値観の転換を、いつの間にか迫られているからではないでしょうか。

極論を楽しんでしまう日本人の気質

白井　それでもちろん、大多数の国民もこんな転換に賛同した覚えなどない、と言うでしょう。そもそも安倍政権を積極支持する人って、せいぜい五人に一人ぐらいしかいないわけで、このことは先の総選挙の総得票率によっても証明されました。原発問題一つとっても、「どっちかといったら、もうやめた方がええんちゃう？」というところまで含めれば、国民のほとんどが脱原発派であるわけです。

だけれども、「どっちかといえば、やめた方がいい」程度の意志で、やめられるはずがない。それがどうやらわかっていないところが、日本国民のだめなところです。国家がこれまであらゆる反対意見を踏み潰して推進してきた政策なんだから、これを政策転換させるのはとてつもなく大変なことで、「どっちかといったらやめた方がいいんじゃないですか」ぐらいの意志でやめさせられるはずがない。だから、「どっちかといったらやめた方がいいと思います」程度の意見というのは、事実上推進賛成と同じなんです。「絶対反対」といって初めて何とか止められるかもしれないという話なんですから。何でそんな当たり前のことがわからないんだろうなというのが、私が国民全般に対して思っていることです。

安倍さんがやろうとしていることにしたって、ほんとうに心底支持しているという人は五分の一以下かもしれないけれども、「あんまり信用できるわけじゃないけれど、まあしかし、とりあえずこの人しかいないから」ぐらいの気分で支持している人たちというのは、その結果がどうなるのかをわかっていないんじゃないでしょうか。

内田　日本人って「極端」が好きなんですよ。良いバランスで意見が拮抗していって、対話的、生産的議論が行なわれるという状況が好きじゃない。一気にどちらかの極に振れてゆく方が話が早くて好きなんです。だから、安倍を辞めさせるためには、安倍に好きなことをやらせた方が話が早いという判断をすることもある。今の日本て、何となく全体にとにかく急いでいる感じがあるじゃないですか。どんどんせわしなくなっていて、「待ったなしだ」とか「先がない」とか苛立ってますでしょう。安倍さんに対しても「早く結果を出してほしい」とみんな思っている。細かいところで足を引っ張っているうちに、何もいいことがなくて、最後に安倍さんが「みんなが私のやりたいことを邪魔したので、ついにやりたいことが果たせなかった。今の日本のかたちは私が望んだものでもないし、みなさんが望んだものでもない。誰が望んだものでもない。こういうふうに『誰が望んだものでもないもの』が最終的に帰結するのが民主制なんです。日本の不幸は民主制があるせいです」という捨て台詞を残して舞台を去るというのが国民にとってはいちばん納得がゆかない結末なんです。それくらいなら、仮に破局的な結末であっても安倍さんが「これこそ私がやりたかったことだ」と哄《こう》笑《しょう》して終わるというエンディングの方がいい。どうせなら安倍さんに好きなことをやらせて華々しく散らせてやればいい、その方がスペクタクルとしてはおもしろいと国民は思っている。安倍政治が大失敗したら、また「自民党にお灸を据え」ればいい、と。これもまた一種の「パンとサーカス」なんですよ。政治過程を一つの劇として見ている。だから今、安倍さんを支持すると言っている人だって、安倍さんが失政を犯して、自民党内で「安倍降ろし」が始まって、各派閥がホテルで会合、なんていうニュースやっていたら毎日うれしそうにテレビを見ますよ。もうしばらく安倍に任せたらどうかなんて言いませんよ。さあ、次は何が起こるのかなとわくわくする。ゲームを見ているつもりなんですから。

白井　ということは、国民にとって、STAP細胞騒動も安倍内閣も同じということですか？

内田　そこまで簡単には括《くく》れないけど、いずれもゲームのキャラクターとしては魅力的ですよね。キャラの輪郭がはっきりしていますから。話が一直線で。まっすぐ突っ走って、壁に当たって、粉砕、みたいな。老練な政治家だったら、じっくりと外堀から埋めて、反対派に根回しして、落としどころを探るというようなことをするわけで、このプロセスはほとんど可視化できない。それは「パンとサーカス」を望む有権者には受けないんです。それよりヴィジュアルがはっきりしていて、ストーリーがわかりやすい劇がいい。支持者たちは「行け、行け」と言うわけですけれど、その「行け」は闘技場に剣闘士を送り出すときの「行け」と同じです。「お前は命がけだけど、俺は痛くも痒くもないから、行って闘ってこい」という。そういう血なまぐさい戦いを見たいという無責任な見物人気分が国民の中にはあるような気がします。

戦後誰も成し得なかったことをする安倍晋三という人物

内田　安倍首相はたぶん人格解離しているんだと思います。本人を知っているという人から聞くと、とってもいい人なんだそうです。優しくて、人の話をよく聞いて、穏やかな人らしい。ほんとうにそういう人格要素もある人なんでしょう。でも、それが政治家になるとまるで別人に変わる。ということは、政治家の方の人格がかなりの部分まで演劇的に構築されたバーチャル・キャラクターだということです。政治家になる過程で、彼はかなりいろいろなものを切り捨ててしまったんだと思います。優しくて、人の話をよく聞いて、穏やかな人物では政治の世界を生き抜けない。別人のペルソナを借りるしかない。生身の自分の弱い部分を切り離して作ったバーチャル・キャラクターだから、やることが極端なんです。生身の身体をひきずっていると、言葉づかいはもっと曖昧《あいまい》になるし、もっと深みも出てくる。論理的ではないけれど、説得力があるという、そういう言葉を語るようになる。生身の人間の発する言葉にはもっとノイズがあるんですよ。でも、あの人の話にはまったくノイズがないでしょう。「村山談話を見直します」「見直しません」といきなり右から左へ極端に変わる。その間の葛藤《かっとう》がない。葛藤がないのは、どちらの言明も腹の底から出てきた言葉ではないからですね。「村山談話を見直す」と言った政治的人格も、「見直さない」と言った政治的人格も、どちらも彼にとっては借り物なんです。あるペルソナが言った言葉を別のペルソナが否定する。どちらにしても生身の安倍晋三とは関係がない。

発言が極端に振れて、空気を吸うように食言できるのは、内的葛藤がないからです。そのつど「この局面ではこの台詞」というのが決まっていて、決めの通りにしゃべっている。ああいう家柄ですから、きっと子どものころから自分の個性や欲望は抑えてきたんでしょう。どこの学校に行くか、どこに就職するか、いつ父親の秘書になるか、いつどの選挙区から立候補するか、全部あらかじめ決められている。そういうがちがちに決めつけられた環境を生きてきたわけですから、生身の自分は身体の奥の方に押し込められて出てこない。

白井　なるほど。私の印象では、そうした人格解離は第二次政権になってから顕著になったような気がします。かつ、それは多分、今回の政権運営のうまさと表裏一体を成している。永続敗戦レジームの矛盾が大きくなりすぎてしまったから、生身の人間にはもうこれを運営することはできないのでしょう。

それにしても不思議なのは、安倍首相がお父さんの晋太郎さんの話をまったくしないことです。おじいちゃんの岸信介の話ばかりする。たぶん晋三から見て、晋太郎の政治家としてのスタンスは全然男らしくないと映るんでしょう。じいちゃんは本物の男だった、それを受け継ぐんだということなのでしょう。ところが、戦に強いということを誇りにはできない、もう男になれないというのは、戦後日本の所与の条件なんですよね。軍事的にインポテンツであることを運命づけられている。

それで、インポ・マッチョというのがいちばん性質が悪い。自分がインポであるということを何がなんでも否定する。それが敗戦の否認ということの言い換えなのですが。そういう人間は首尾一貫しないことをやる。対米関係において赤裸々に表れます。アメリカこそ、日本を去勢した相手にほかならない。だから、彼らの戦後憲法への態度は、非常にねじくれたものになります。今回の集団的自衛権の行使容認の問題にしても、アメリカが二〇年来要求し続けてきたことですよね。それに従ったという話であって、またしてもアメリカの言いなりです。ところが、これを自主性の回復だと言いくるめる。安倍さんの憲法に関する最近の発言を見ていて気持ち悪いのは、憲法が大嫌いなくせに褒めることです。「解釈改憲をすることによって、憲法九条の平和主義の精神をより一層実現することができるんだ」などと言うわけですよね。実に気持ち悪い。ほんとうは日本国憲法なんて大嫌いなはずのくせに、「憲法の精神はすばらしい」というようなことを言っている。これは憲法に対するレイプですよ。なんでそういうレイプをしたいのかというと、憲法はアメリカの置き土産なわけですから、アメリカの分身ですよね。そのアメリカの分身をアメリカの命令によってレイプするという奇妙奇天烈な状況にある。世界最強の軍隊の活動に自衛隊を差し出せば世界最強軍団の一部になれるってわけです。これはつまり、アメリカというバイアグラを飲んで無理矢理勃たせるということです。そういえば、バイアグラを作っているファイザー製薬もアメリカの会社でしたね。

初期の大江健三郎や石原慎太郎の文学的モチーフ、あそこに渦巻いているまがまがしい政治的かつリビドー的な欲望が、大文字の政治におけるプロジェクトとして打ち出されてきているという怖さがあります。

内田　伝統的な「対米従属を通じての対米自立」戦略はもうちょっと込み入った構築物だったんです。ところが安倍さんでは対米従属と対米自立が交互に出てくる。普天間基地の問題で沖縄県知事の譲歩を取り付けた直後に靖国神社に参拝する。集団的自衛権の容認を閣議決定した直後に北朝鮮への経済制裁を解除する。つまり、「対米従属」のポーズを一つすると、その後に「アメリカが嫌がること」を一つする。彼の中ではそれで帳尻《ちょうじり》が合っているんだと思います。「アメリカが嫌がること」、靖国参拝とか北朝鮮との接近とかは、安倍さんにとっては「対米従属」の代償として許された彼なりの「成果」なんです。お中元を届けた後に、外から石を投げてその家のガラスを割るようなものです。それで「チャラ」になっている。

これはほんとうに不思議なやり方ですよ。かつての「対米従属を通じての対米自立」は一人の人間の中に面従腹背という葛藤を呼び込んだ。だから、言うことがわかりにくいものになった。でも、安倍さんは違う。「対米従属」と「アメリカが嫌がることをする権利」がバーター取引されている。問題は、従属の代償に受け取るのは「アメリカが嫌がることをする権利」であって、日本の国益ではないということです。靖国参拝なんて、日本の国益と何の関係もない。参拝支持者たちが言うように私的な宗教儀礼にすぎない。「対米従属」は端的に日本の国益を削って、差し出すということです。それと引き替えに手に入れるものは私的な宗教感情の充足である。本来なら国益と国益のトレードのレベルでの話であったものが、国益と私益のトレードの次元に移動している。だからこそ、葛藤がないんです。日本が何かを失って、その代わりに安倍晋三個人が何かを得るという構図ですから、葛藤のしようがない。僕が人格解離というのはそのような状態のことです。だからたしかに安倍さんには葛藤がない。それを国民たちは見て「すっきりした人だ」と思って、ある種の爽快感を覚えている。奇怪な風景です。

白井　バランスを取ってのヤジロベエというよりも、ダッチロールしているように見えますね。

内田　ご本人はスマートなプレイヤーだという気分でいるんだと思います。

白井　ご本人としてはとてもうまくやっているつもりなのでしょうね。

内田　そう思います。達成感を覚えている満足げな表情をすることがありますから。

白井　たしかに戦後政治の中で誰にも成し得なかったことをやっているんですから。

内田　それは間違いないですね。過去の自民党政治家の誰も成し得なかったことをしているんですから。

白井　動機はやっぱりアメリカに対する愛憎でしょう。日本の対米従属の特殊性で、天皇制が代替になってしまったところからこれは派生している。国際関係にも友好や敵対というムードがあるけれども、愛憎とは違います。ところが日本から見た対アメリカとの関係は、愛憎という形でずっと形成されてきた。今その振れ幅が大きくなっているということだと思うんですよね。これだけ振れ幅が大きいのは、別れる寸前のいなカップルみたいなものです。

象徴的だったのは、オバマ大統領が来たときです。明らかに国賓の体を成していないのに、無理やり国賓待遇ということにして、寿司屋に行って友好ムードを演出しようとした。ところが先にも触れたようにその前日には一五〇人からの国会議員が春の例大祭で靖国に行っている。これはもう分裂ですよね。二〇一三年の一二月からの経緯を考えれば、オバマさんが来る前日にあてつけのように靖国に行くというのは、「アメリカ、うるさいんだよ、黙れ」というメッセージになります。ところがオバマが来たら、今度はにこにこして、「友好です」「あなたなしでは生きていけません」みたいな雰囲気を作る。これはもう別れる寸前のカップルに近いなというふうに私は見ていた。DVの男みたいに、殴っておいて、その次の瞬間「愛してるよ」と叫ぶみたいな。しかし、このカップルの場合、腕力が強いのはアメリカの方なので、そのうちこっぴどくぶん殴られるでしょうけれど。

「すきやばし次郎」に連れて行ったのだって、日本人は「へえ」と思うかもしれないけど、オバマは半分ぐらい残しちゃうわけですから、全然喜ばれていないわけです。「おもてなし」になっていない。日本国内向けに「一流店に連れて行きましたよ」というポーズを取りたかっただけでしょう。

内田　「すきやばし次郎」の文化資本分布上の位置が理解できるのは日本人の食通だけですからね。あれは完全に国内向けのパフォーマンスです。オバマ大統領をどう歓待するかということは二の次で。オバマさんは別に寿司なんて好きじゃないと思う。それを無理に連れて来てカウンターに座らせて、日本酒を飲ませる。大統領と「ため」の関係なんだということをヴィジュアル的に日本国民に誇示したかったんでしょう。

幼稚な反米主義に帰着する可能性

白井　愛憎の振れ幅が大きくなっています。これがとても幼稚な反米主義に帰結する可能性もあるのではないかと、先ほども触れた佐藤健志さんに会ったときに聞いてみたんです。佐藤さんの答えがおもしろかった。「いや、心配するには及びませんよ。イギリスと独立戦争をやる直前のアメリカに似ていますというんですね。なるほど、当時のアメリカの雰囲気は、イギリスは偉大な国だという意識が強くあった一方で、やっぱりこれはおかしいんじゃないかという感情が高まりつつあった。トマス・ペインが『コモンセンス』を書いて、その影響もある。そういう経緯で「これはもう違う。袂《たもと》を分かつしかないんだ」と独立戦争になった。当時のアメリカではイギリスに対する愛憎の振れ幅がすごく大きくなっていたというのです。そういう意味では、これは良い兆候なのかもしれない。

内田　アメリカのイギリスに対する感情とはちょっと違うんじゃないかな。独立戦争と比較するのは少し無理があると思います。「代表なくして課税なし」という植民地側の主張って、ごく合理的じゃないですか。世界中の誰が聞いても、理の通った話です。「これなら独立した方がいいよね」「まあ、そうだね」という話になる。でも、日本がアメリカから離れるときって、それに類する合理的な言葉が出てこないでしょう。「対米従属を通じての対米自立」なわけですから、よその国からすれば「従属したいのか、自立したいのか、どっちかにはっきりしてほしい」と言われるだけです。それをはっきりさせなければ独立宣言のような整合的な言説は出てきません。でも、合理的な言葉づかいで「アメリカ離れ」を語ることは日本人にはできない。だから、日本人が「アメリカ離れ」をするときは解離していた「従属人格」と「自立人格」が爆発的に統合された、非論理的で情念的などろどろしたものに化身するしかないと僕は思っているのです。尖閣を契機として、日米安保条約が空文だったことが日本国民に周知されるときが怖いというのは、そのことなんです。アメリカとしては何があっても日本と中国の間に軍事的緊張を生じさせない。これに失敗すると、日本人の七〇年にわたるアメリカに対する屈辱感と怨恨《えんこん》が噴き出す。

白井　だから、やっぱりアメリカとしては事前に断固として止めるという方針で臨んでいると思うんですよね。

内田　事前に止めるしかない。一度起こってしまっては、後から止めに入ることはできない。日本人が熱くなったら、もう止められない。こういう解離的な人格が劇症的に「これが、ほんとうの俺だ」という状態になったら、もう手が付けられない。

白井　だから、安倍さんをクビにするというのも、一つの選択ですね。

内田　そうです。アメリカにとっていちばん合理的な選択肢はそれだと思います。今やアメリカの東アジア戦略上の最大のリスクファクターは安倍晋三です。できたらこの人に早く辞めてほしい。でも、もっていき方を間違えると、日本の「北朝鮮化」という虎の尾を踏んでしまう。それに、日本国内の「忖度する下僚」たちは安倍さんは「対米従属による対米自立」路線の忠実な実行者なんだからホワイトハウスからも好かれているに違いないと思い込んでいる。

白井　やっぱり焦点は集団的自衛権の問題なんです。容認の閣議決定をしたことで、アメリカから見れば大いなる前進があった。あとは関連法案を通して、そこでもう安倍内閣はいらないという話になるんじゃないか。お役御免と。でもどうやって倒閣するんだろう。

内田　直接やったら内政干渉ですからね。自民党の中にも機を見るに敏な人たちはいるでしょうから、「いずれアメリカは安倍を切るだろう。どういうタイミングで、どういうきっかけで切るかはわからないけれども、いずれ来る」と考えて、そのときの備えだけはしていると思います。ただ、それは必死に水面下でやっている。アメリカと通じるときだけ日本の政治家は異常に口が固くなりますからね。

ただ、政権の政策はすべて先行きの失敗が見えているわけですよね。輸出は伸びないし、GDPも下がったし、成長戦略もないし。頼みは株価だけですから、株が急落したところでアベノミクスの命脈は尽きて支持率は株価といっしょに急落するでしょう。そうなれば、もう政権を支える具体的根拠はなくなりますから。ただし、ものが経済ですから、いつ何が起きるかわからない。この本が出るころにはもう安倍政権がなくなっていて、「何でこんな終わった時代の話をぐだぐだしているんだ」って、言われる可能性だってあります。

日本で次なる反米ムードは蜂起するか

白井　先ほど非常に良くない形で反米主義になる可能性が高いという話がありました。たしかにそれは怖い話なんですけれど、私は一つの段階として仕方がないという気もしないでもないんです。マッカーサー元帥が帰国後に「日本人の精神年齢は一二歳」と言いました。あの発言に対する日本社会の反応も、おもしろいテーマだと思います。それまでマッカーサーはそれこそ「神様だ。日本の救い主だ」という扱いを受けていて、銅像を建てようという話まであったというのに、あの発言で日本人のマッカーサーに対して持っていた気持ちが一八〇度変わった。あまりに痛いところを突かれたためでしょう。

じゃあ「一二歳だ」と言われた後、日本人の精神年齢はどうなったんだろうなと考えると、〇歳児になってしまったんじゃないか。というのは、対米従属というのが無意識の前提になって、「アメリカ＝世界」になってしまっている。その世界に抱かれる日本。アメリカは母体みたいなものであって、まだ日本は生まれてもいない。あるいは生まれていても、まだ母子未分化の状態ではないでしょうか。

ところが、もちろんそれは幻想であって、あくまで子どもと母親は別の人間です。親は自分と違う別の人間じゃないかということに気づいたとき、イヤイヤ期と呼ばれる第一次反抗期になるわけですよね。だから、今の日本は二歳児ぐらいになっているかもしれない。成熟するためには反抗期も必要で、幼稚な形での反米主義もいちど爆発的に噴出しないとだめなんじゃないかと思います。

内田　でも、六〇年安保は反米闘争だったし、六八年からの全共闘運動というのも淵《えん》源《げん》はベトナム反戦運動でした。反米運動をやっても日本人は市民的に成長しなかった。これは二度の経験でわかったことです。

安保闘争も、羽田・佐世保からの全共闘運動も、本質的には反米愛国運動です。でも、その反動で、七〇年代から後の日本は親米一色でしたからね。どうしてあんなに屈託なく、アメリカ文化を受容したのか、その前の反米気運を考えると不思議です。若い連中はレイバンかけて、コンバースを履いて、リーバイスのジーンズ穿いて、イーグルス聞いて、サーフィンやっていた。昨日まで「米帝打倒」と言っていた若者たちが西海岸文化に舞い上がっている。あのときの反米から親米への振れ方って、すごかったです。そのころからですね、文化が消費活動の一つの中心になったのは。だから、企業がコマーシャルを通じて若者たちのカルチャーを大々的に後押しした。

白井　そうか。その文脈で堤清二さんがやったことは何だったのかということも考えなきゃいけないですね。

内田　おもしろいですね、その時期のことは。七〇年代って、けっこう謎だと思います。そのころにある種の文化的な地殻変動があったはずなんだけれども、僕は気がつかなかった。

白井　日米関係を研究している私の友人は、アメリカが日本の学生運動などをどのように調査し情報収集していたかを調べています。当時のアメリカから見ると、六〇年安保にせよ、その後の全共闘運動にしろ、極めてヤバいわけですね。「日本の若い世代は、こんなに反米的なのか」と。「この人たちが三〇代、四〇代になったら、日米関係はどうなってしまうんだ」と強い危機感を持っていた。だから日本の学生の動向についてかなり調べていたというのです。ライシャワーなども、この問題の解決を目指して仕事をしていたという側面があるんだそうです。アメリカの方で史料の秘密解除が進んできているので、興味深い事実がわかってくるんだそうです。そう考えると、文化を通じた親米的雰囲気というのは、かなり人為的に作られていった部分もあるんですよね。

内田 人為的な仕掛けはたぶんあったと思いますね。僕がCIAだったらやりますから。何とかして日本国内における対米感情の改善を図ろうとします。ベトナム戦争でアジア諸国全域が感情的には反米的になっていましたから、ベトナム戦争が終わった七五年から傷ついた対米感情をもういちど良好なものにしようとする工夫をするはずです。そのときにいちばん抵抗感がなかったのが西海岸文化だったんでしょうね。カウンターカルチャーですから。アメリカのメインストリームのものに対する批判精神が文化に受肉した、いわばアメリカ国産の反米文化物です。ですから、外国の反米闘争とも親和性が高い。そこからどんどんアメリカ文化が流れ込んできた。僕がその当時CIAのエージェントか国務省の広報担当官だったら、ロックンロールから攻めたでしょう。ロックと映画とファッションとドラッグと。マリファナ吸って、ロック聞いて、髪伸ばして、サイケデリックな服着て。『プラトーン』とか『地獄の黙示録』とかを見ると、実はそんな格好をした兵士たちがベトナム戦争でベトナム人を殺しまくっていたわけですけれども、その部分だけは反米的な国でもするっと受け容れられた。このあたりの事情は韓国でも、台湾でも、日本でもそれほどには変わらなかったと思う。そういうのは若者には受けますから。何しろカウンターカルチャーはアメリカのメインストリームの文化的伝統を否定する人たちの、アメリカ体制の暴力性や犯罪性を告発する人たちからのメッセージなわけですから、悪くない。「なんだ、アメリカってなかなか自己批判の精神もあって健全な国なんじゃないか」というふうに反米感情というのがいきなり消滅してしまう。

白井　なるほど。いわゆるソフトパワー戦略の機能ですね。

内田　カウンターカルチャーって、その国と政治的に敵対している国からすると唯一の「取りつく島」なわけですよ。だから、外交的に言うと、どんな国にも反権力的な言説とか反体制的な芸術があった方がいいんです。そこが仮想敵国の人々にとっての「取りつく島」になってくれるわけですからね。

白井　あれだけでかい国で人口も多いわけですから、主流派と違うことをする人もかなりの規模で出てくるわけですね。

内田　ベトナム戦争から後のアメリカがそれでも国際的な威信を失わずに済み、それから後も世界中のイノベーティブな若者たちを結集させることができたのは、アメリカ国内に反権力文化、カウンターカルチャーがあったからでしょう。

白井　なるほど。カウンターカルチャーは反権力、反アメリカに見えて、実はものすごくアメリカの国益に寄与している。

内田　そうですよ。ボブ・ディランとかジェイムス・ブラウンとかジャニス・ジョプリンとか、どれほどアメリカの国益増大に貢献しているかわからないですよ。スティーブ・ジョブスやマーク・ザッカーバーグもそうですよね。そういう反権力的な、態度の悪い若者たちというのが実は国を支えているという図式。見事なものです。そこがアメリカにわれわれがとても及ばないところですよね。

アメリカの五一番目の州のリアリティ

内田　属国的状況からの離脱という政治目的だけに限定すれば、日本がアメリカの五一番目の州になるというのが一番効率的なソリューションなんです。ほんとうに。だって、なったらすごいですよ。日本人一億三千万がアメリカ人になるんですよ。アメリカの人口はいま三億ちょっとですから、日本人だけで全人口三〇％に達する。とりあえずは日本州から上院議員を二人と下院議員を何人か議会に送るだけですけれど、大統領選挙での日本州の選挙人の数は半端じゃないですよ。日本州を制した候補者じゃないと大統領になれないということになったら、もう世界政治に対して日本人が直接関与できるわけですよね。

白井　ええ。私が日本の親米保守派に対して申し上げたいのは、なぜ併合を提案しないのか、ということです。アメリカの世界戦略に日本の国策を一致させるべきだというのなら、日本をアメリカの一州にするのが最も徹底的です。彼らにとっての考える唯一のデメリットは、日本社会の中で「アメリカ通」で通っていることによる自己利益を失うことでしょうけれども、そんな個人的利益を優先させるのは、「愛国者」にあらざる振る舞いです（笑）。

内田　唯一の問題は天皇制なんです。天皇制がある限り、このソリューションは使えない。でも、SF的に想像すると、アメリカの五一番目の州である方が、属国である今よりも世界政治にコミットできるというのは間違いないんです。日本列島住民でもアメリカ大統領になるチャンスがあるんですからね。

白井　韓国は積極的にアメリカに移住していますよね。アメリカの政治の中でもロビイストがいて、母国である韓国に有利なアメリカ政策を働きかけている。韓国人があれだけアメリカに移住するのは、やっぱり本国が住みづらいんでしょうね。

内田　そうでしょうね。

白井　だから「韓国人はあれだけアメリカへ出かけて、バイタリティがあって」みたいな話も、実は倒錯した話です。いくら経済発展して経済大国化しても、誰もここに住み続けたくないような国を作ったってしょうがない。韓国は、ＩＭＦ改革によってやられて以降、政権を担う勢力が保守派であれ進歩派であれ、その点では苦しみ続けているようです。日本人は相対的にあまり外に出て行きたがらないのかもしれませんが、それ自体は別に悪いことじゃないはずです。「何のために経済成長したんですか」と言ったら、「居心地の良い場所を作った」という方が明らかに真っ当な話であるはずなんです。明治から昭和前期にかけては、日本にいても食えないからアメリカなりブラジルなり、それから満州なりに、どんどん出て行ったわけですから。

欲望の伝わり方

白井　ブラジルで思い出したんですけど、敗戦直後の当地の日系人社会における負け組・勝ち組の対立・抗争の話をＮＨＫの特集番組で二夜連続で取り上げていました。

それがなかなか興味深かった。結局、負けを認められなかった人たちと、どうも負けたらしいぞと納得した人たちとの差は何だったたかと言うと、決定的なのは「玉音放送」のラジオを聞いたかどうかだというんです。

微妙に階級格差の問題が入ってくる話です。聞けなかった人は、貧乏でラジオを持っていなかった。そこそこ成功していた層は経済力があったからラジオを聞けた。人が何人も殺されるというところまで抗争がエスカレートしたんですが、最初に殺す側に回ったのは貧乏な方の層なんです。「あいつら、日本が負けたなんてとんでもないことを言う非国民だ」ということで激昂《げっこう》して殺人に至った。それに対する報復も起こって、事態は錯綜《さくそう》していくわけです。

これはメディア論的な観点から見ても興味深い話ですが、翻ってみて、日本の本土で玉音放送とは違う形で政府が国民に敗戦を伝えようとしたならば、何が起こっただろうかと想像させます。その縮図が実はブラジルで起きていたと思うんですよね。もしラジオ放送という形を取らず、天皇の肉声ですという形を取らずに、敗戦を伝えたらどうだったのか。

内田　新聞の号外とかですか。

白井　はい。「とてもじゃないけど納得できん。嘘だ、これは」という人が大量に出て、内戦状態になったのではないかと想像されます。

内田　「これは米軍がまき散らした宣伝だ」とか。

白井　そうです。ルバング島の小野田寛郎さんはそうでしたね。敗戦という情報は入っていたけれども信じなかった。そう考えると、本土決戦派が「玉音放送」の入ったレコードを、放送させまいと強奪しようとしたのは、理にかなった話です。日本国民はそれまで天皇の声を聞いたことがないわけじゃないですか。

内田　初めて聞いたわけですよね。すごいインパクトだったでしょうね。

白井　ブラジルの件に話を戻すと、NHKのドキュメンタリーでは、勝ち組・負け組の世代の人が高齢なのですが生きていて、取材を受けていました。当事者たちは今日でもまったく和解できていない様子です。やられた側の負け組の方の人たちは、「あいつらキチガイだった」と言います。「キチガイ、キチガイ」って、放送禁止用語が連発される。いわゆる勝ち組の方は、「人を殺めたことはまずかったとは思っているけれども、だけど、やっぱり理はあったんだ」というようなことをいまだに言っている。

殺すというところまでエスカレートした直接的な原因は何だったかというと、勝ち組に言わせると、「あいつらは負けたということを言い始めてから、天皇陛下をバカにするような言動を始めた。それが許せないんだ」というのです。それが殺人にまで暴力が及んだ直接の原因だったのだ、と。ところが、負け組は「そんなことは断じてしていない」と言います。「尊皇精神を持っていたし、戦争に負けたところでそれは変わらない。天皇に対する忠誠心はまったく変わっていない」と言う。じゃあ、何があったのか。どうも噂《うわさ》だった、ということなんです。「負け組は天皇を冒瀆《ぼうとく》するようなことを言っているらしいぞ」「御真影を焼いたりしているらしいぞ」という噂が流れた。甚だしきは天皇の写真が印刷された新聞をトイレットペーパーにしているとか、要するにデマですね。それで暴力にまで及んだというんだけれども、これを深読みしていくと何なんだろうなと思うんですよね。これがデマだったとすると、なぜ人々はそのような蜚語《ひご》に飛びついたのだろう。「言ってはならないが、しかし持っていた欲望だった」という話になるわけですよね。

内田　そうそう。デマってその人の無意識の欲望ですからね。

白井　はい、まさにそこに問題の核心があるように思われます。負け組・勝ち組の人々の姿を見たとき、どちらに肩入れしたくなるかといえば、市民的常識からすれば当然負け組の方だということになります。理性的で合理的ですから。勝ち組の方はあまりに狂信的な天皇主義者に見える。しかし、それはあくまで、永続敗戦レジームを自明のものとして生きてきた戦後日本の市民感覚なのでしょう。無意識の欲望を解読するならば、天皇制への破壊的情動を強く持っていたのは、勝ち組だったということがわかる。勝ち組の暴力行為は、遠く離れた地で勝手に戦争継続をした、つまり本土では回避された決戦を、代替的に内ゲバのようなかたちで戦ったということです。もしも、ほんとうに本土決戦が行なわれていたら、日本はドイツのような終戦を迎えていわゆる国体護持は不可能となったでしょう。つまり、本土決戦断行を欲望するとは、国体に対する破壊の衝動に駆り立てられることです。勝ち組の人たちのデマは、自分のやりたいこと、禁じられた欲望を、「それを望んでいるのはあいつらだ」という形で他者に投影したものと考えられるのではないか。

歴史的事実の隠蔽の構造

白井　ブラジルの勝ち組の話には、嘘かほんとうかわからない後日譚があります。勝ち組に属していた人が、戦後しばらくして日本を訪れ、復興・発展した日本を目にする。そして叫んだというのです。「ほらやっぱり、負けてなんかいなかったじゃないか！　俺たちは正しかったんだ」と。私は、ここには冗談では済ませられない問題がはらまれているように思います。ブラジルの勝ち組がやったのは、ストレートな「敗戦の否認」であったわけです。これに対して、永続敗戦レジームの内部では、いわば微温的に、穏当に、敗戦の否認ができた。その微温性ゆえに、否認としてはきわめて完成度の高い巧妙なものとなったわけで、こんなジョークさえも生まれるようになったわけです。

しかしもう、このような微温的な敗戦の否認の世界に自足していることはできなくなった。そこから生み出されるのがもちろん歴史修正主義です。最近のトピックでその欲望がいちばん強く出たのは、慰安婦問題報道をめぐる朝日新聞叩きでしょう。済州島での強制連行がなかったということで、あたかも慰安婦問題すべてがなかったかのように、さらには日本の侵略行為そのものがなかったかのように言いつのる勢力が活気づけられました。日本の戦争責任、あるいは侵略した過去を語ることは、日本人の誇りを傷つける、日本人を貶《おとし》めている、という言い方が大手を振るようになった。歴史についてきちんと認識するとか、反省するということ自体が日本人の誇りを傷つけることなんだという、果てしない拡大解釈が起きている。それは日本の敗北を認めることは不敬だ非国民だ、殺されて当然だという勝ち組の論理と共通しています。そして、こんな主張をまかり通らせれば、国際的孤立、破滅的事態に進んでいくことになる。自己破壊衝動ですね。

内田 歴史修正主義者たちが登場してきたのは、日本でもヨーロッパでも、八〇年代以降です。戦争の現実を自分で経験してきた世代が社会の第一線から退場した後にぞろぞろと現れてきた。従軍慰安婦問題もフランスやドイツの「ガス室はなかった」論もだいたい同時です。現場でそれを見た人たちが死んで、生身の証人がいなくなったころを見計らって出てきた。戦争犯罪については史料が残っていないケースが多いのは当然なんです。日本もドイツもフランスもそうでしたけれど、戦局が悪化してくると、自分たちが戦時国際法を犯していた事例についてはあらゆる文書を組織的に隠滅したわけですから。なぜこれほど言い立てられる戦争犯罪について「これこれこういうことをやりました」という軍内部の史料が残っていないのかというのがヨーロッパの歴史修正主義者たちの言い分でしたけれど、そんなものは残っているはずがない。それでもそれまで強制収容所について事実関係で異議を唱える人がいなかったのは、「私はそこにいた」という人が何千人、何万人も証言していたからです。そういう生身の証人が死んで、文書がないという時点になって歴史修正主義者が登場してきた。

白井　彼らは自国の歴史において不都合なこともあるという当然のことを直視する勇気がないわけですね。不思議に思うのは、彼らはこういう臆病《おくびょう》さを世界にさらすことによって、日本人の名誉を傷つけていると思いますけれども。なぜそんな単純なことがわからないのでしょうか。

内田　歴史的事実の隠蔽というのは、結局機能しないんですよ。かつて隠蔽し切ったことなんか一度もないんです。しばらくは隠蔽できるんですけれど、必ず漏洩《ろうえい》する。隠蔽している当人自身が「隠蔽された事実」の真理性を熟知しているからこそ隠蔽しているわけで、真実はいずれ何らかのかたちで露出する。隠蔽されていた期間が長ければ長いほど、隠蔽が徹底的であればあるほど、暴露されたときのダメージは大きい。そして、時間が経てば、必ず隠蔽された歴史的事実は暴露されるんです。このことに例外はない。隠蔽された真実は「膿《う》む」からです。ツルッとした表層の下で、ずっと傷口から血膿が流れ続けているから、隠蔽物の隙間から悪臭が発してきて、ある日皮膚を破って「恐ろしいもの」が露出してくる。

今、フランスであれだけ移民の問題や貧富格差の問題や極右の進出が起きているのも、元を辿ればフランスなりの「敗戦の否認」の帰結なんです。自分たちがナチスに加担して、さまざまな戦争犯罪を犯し、ほんとうは敗戦国としてうなだれて終戦を迎

える べきだったのに、ド・ゴールの力業《ちからわざ》で「手の白い、戦勝国」として戦後国際社会に登場しようとした。その過程でさまざまな隠蔽工作をしたわけです。ヴィシー政府の官僚たちの相当数がそのまま横滑りで第四共和政の官僚になったわけですから、戦争犯罪の解明なんかできるはずがない。

白井　そのテーマで言うと、福田和也さんのデビュー作『奇妙な廃墟』(筑摩書房)という本、あれはもうフランスでは言っちゃいけないことになっているところに切り込んだ本ということになるんですか。

内田　フランスではヴィシー政府の研究はほとんど出ないんです。八〇年になってから、最初はカナダやイスラエルやアメリカの研究者が隠蔽を逃れた歴史資料を使って、ヴィシー政府が何をしたのかを明らかにしてきた。たぶん、福田さんもその時期に研究を始めたんだと思います。僕も同時期に同じ主題について研究していましたから。そのころにどっと史料が出てきたのです。ドリュ・ラ・ロシェルとか、セリーヌとかブラズィヤックとかルバテとか、対独協力者たちの書いたものなんか、戦後はほとんど全部禁書で、読むことさえ難しかった。

白井　それは公に禁書になっていたんですか?

内田　法律的に禁書であったということがあったかどうかは知りませんけれど、そういう名前に触れることはほとんどタブーでした。

白井　本屋で売られていなかったということですか？

内田　もちろん新刊も文庫も出ません。日本ではセリーヌもドリュ・ラ・ロシェルも翻訳が出ていましたけれど、フランスではまず人前では読めなかったと思います。ヴィシー政府にかかわっていた人たちが社会の第一線から退いたのが戦争が終わって四〇年ぐらい経ってから。それからようやくヴィシーについての歴史学的研究が始まった。それでも国内ではできなかった。だから外国の研究者たちが手を着けたんです。

フランス人がヴィシーのことを体系的に書いたのはたぶんベルナール＝アンリ・レヴィの『フランス・イデオロギー』という本が最初だったと思いますけれど、それが八一年です。出たときは保守論壇から袋叩きになりました。「なぜせっかくふさがった傷口をこじ開けて塩を塗るのか」という批判が殺到した。その後もヴィシー研究が進んだかというとそうでもないんです。歴史修正主義者たちの登場もほとんど同時期ですから。今でもヴィシーのことはフランスではタブーでしょう。

最大の問題はレジスタンスなんです。レジスタンスの中身はノルマンディー作戦の後、戦局の帰趨《きすう》が定まってから、それまでヴィシーやナチスにくっついていた政治勢力が旗色の悪くなったドイツ軍に攻撃をしかけるという「勝ち馬に乗った」運動だった。極右勢力や民兵組織など、それまで相当あくどいことをしていた連中が「レジスタンス」を名乗る。レジスタンスって地下組織ですから、誰がどこでどういう活動をしていたということについては文書なんかないんです。だから、ある意味で言いたい放題なんです。「私は実はレジスタンスだった」と自己申告した場合に、それを反証することはきわめて難しい。だから、レジスタンス内部でも「初期からのレジスタンス」と「旗色を見てなったレジスタンス」の間では感情的なしこりが残っている。アルベール・カミュは最初期からのレジスタンス活動家でしたから、そういう思いが強い。「真のレジスタンスはほとんど全員死んだ」と戦後カミュは書いていますけれど、その底意は「今『私はレジスタンスの闘士だった』と誇らしげに言っている連中は『真のレジスタンス』ではない」ということです。でも、それはカミュのような立場の人間にしてもなかなか言えない。せっかく「よきフランス人」はみんな一致して対独協力者と戦って、ドイツ軍を追い払ったという「物語」についての国民的合意ができつつあるときでしたから、それに水を差すことは再び国民的分断を引き起こすことになるから。だから、カミュは苦しむんです。そして、対独協力者たち、昨日まで自分たちを狩り立ててきた人々について、ブラズィヤックやルバテの助命嘆願に同意するるんです。それは戦後フランスにとっては「誰がどんな悪事をしたのか」を執拗に暴き立てることよりも、国民的統合の方が優先順位の高い政治的課題だったからです。日本において「一億総懺悔」が語られたように、フランスでもまずは「戦勝国」を名乗ることについて国民的合意があった。

レジスタンス活動家についても、彼らを逮捕したり拷問したり処刑したりした側についても、当然ながら、ほとんど史料は残っていない。戦後すぐに「対独協力者」という容疑で何千人もの人間が裁判抜きで殺されましたけれど、ほんとうにそうだったのかどうかわからない。裁判にかけて彼らが「ほんとうは何があったのか」を証言されると困る人たちが「対独協力者」の濡れ衣を着せて、無実の市民を殺させたということもたぶんあったはずです。でも、そのあたりのことはまったく不明です。フランス人がフランス人を殺した「粛清」についてもほとんど歴史研究がない。

白井　フランスと対比していただくことで、「敗戦の否認」という概念が大幅に拡張されて厚みを帯びてきたような気がします。最近クリスティン・ロスというアメリカの研究者が書いた『68年5月とその後』（航思社）という本を読んだのですが、その本でもしばしば指摘されていたのは、アルジェリア独立問題や一九六八年五月で左翼が問題にしていたのは、こうした否認の歴史であったということです。彼らを暴力的に弾圧したのは、対独協力の経歴を持つ治安関係者だったというのです。

内田　フランスでもそういうかたちでの「敗戦の否認」が行なわれているんです。そこで隠蔽された真実があるからこそ、戦後四〇年経ってから、「自由・平等・博愛」の国に極右勢力や排外主義が出てきてしまう。

白井　なるほど。これはどの国でも、極右イデオロギーというのは、語りにくい語れない部分の抑圧から生じてくるのだ、という一般理論が可能かもしれませんね。今のフランスの極右勢力は、ヴィシー政権時代に関してどういう認識なんでしょうか。

内田　どうなんでしょうか。ヴィシーというのは基本的にフランスではタブーなので。彼ら自身も積極的に評価するということはしていないと思うんですけれども。ただ、体質は同じです。「自由・平等・博愛」ではなく、ヴィシーが掲げた「労働・家族・祖国」はそのまま今の極右のスローガンですから。

「占領時代」を忘却している日本

白井　何せフランスは戦勝国であるということに公式的にはなっており、日本でもだいたいそう信じられているわけで、今のお話はとても刺激的でした。似たような事情を日本現代史に移し替えてみると、当てはまるのは占領期じゃないかなと思うんですよね。八月になると、「あの戦争を忘れない」みたいなキャンペーンが多くなりますが、占領期を忘れるなという話は出てこないですよね。

内田　出てこないですね。八月一五日で終わってしまう。一九四五年八月一五日から一〇年間ぐらいの占領期に「ほんとうは何があったのか」は一種のブラックボックスですよね。

白井　その間、アメリカ側は戦争とは違う形で本土決戦を続けていたんですよね。この国を二度と歯向かってこないような国に改造しようということで、断固たる意志でやっていた。日本人としてはほとんどやられっぱなしにやられるほかない。抵抗できない。まさにその時期こそが忘れられた時期になっている。

内田　必死になってその時期のことを調べていたのは江藤淳くらいでしょう。占領期に何が起きたか、何が隠蔽されていたか、それを江藤は調べていますね。フランスの場合と似ているのは、占領期に占領軍と通じていた人間たちが、その後の日本政府の中枢を占めているということです。自民党のある部分は敗戦時に軍隊の物資を私物化したフィクサーとＣＩＡの合作です。ですから、そこにかかわる話は日本の保守政界でも、保守系メディアでも完全なタブーですね。しかもいまだに当時の関係者たちの末裔たちが政権中枢に居座っている。占領期にアメリカと通じた人たちとその係累たちが今も続いて日本の支配層を形成している。占領期における対米協力者というのは、フランスにおける対独協力者と機能的には同じものですよね。岸信介も、賀屋興宣も、正力松太郎もＣＩＡの協力者リストに名前があがっている。アメリカは公文書を開示してくれますから、日本人自身がどれほど隠蔽しようとしても、外から情報が漏れてきてしまう。岸と正力がＣＩＡのエージェントだったということを知れば、安倍晋三と読売新聞がつるんでいるという政治的絵図は一九四五年から変わっていないということがわかります。特定秘密保護法を安倍政権が必死になって制定しようとしたことの理由の一つは二〇〇七年にアメリカの公文書が開示されて、自分の政治的出自が明らかにされたことに対する怒りがあるんじゃないですか。

白井　早稲田大学の有馬哲夫さんは、そのあたりの研究を精力的に進めていらっしゃいます。正力のことについても書いているし、児玉誉士夫のことも書いている。私の大学院での師匠だった加藤哲郎先生もこのあたりのテーマに近年取り組んでおられます。これって日本の政治学者や歴史家がいちばん熱狂すべきテーマであるはずなのに、アカデミックテーマとしてそれほどプレゼンスが大きくないのは何なんだろうと思うんですよね。これ以上おもしろいことはないだろうに。

内田　一つは関係者があまりに多いからでしょう。関係者が多いイシューは必ず抑圧される。いろいろ史料が出てくるとしたら彼らが死んでからでしょう。だから、まだ時間が足りないんですよね、戦後七〇年ではまだ足りない。

白井　ただ、深刻なのは、当事者が死んでも、その子孫みたいなのが相変わらず高位高官にいるから手が出せないという感じもあります。

内田　まあそうですよね。岸信介がＣＩＡのためにどういう活動していたかなんていうのは、安倍晋三がいる限り日本では資料公開されないでしょう。

白井　そうなんですよ。ＣＩＡの資料は何年か経てば自動的に公開していくはずなんだけれども、岸ファイルについては例外扱いで、公開されていないのだそうです。戦後の日米関係の根幹、ひいては現在の日米関係を揺るがしかねないという判断なのでしょう。

内田　でもそれが日本人がいちばん知りたいことでしょう？　占領下の日本人がどうやってアメリカに協力していったのか。占領期における対米協力の実相というのは僕たちが「対米従属を通じての対米自立」という戦後の国家戦略の適否を仔細に分析しようとしたら避けて通ることのできない論件なんです。それがわからないと現代日本のかたちの意味がわからない。ぜひ心ある歴史学者にやってほしい仕事なんですけれど。たぶん科研費はつかないですね。

白井 この前、ある年長の学者に仕事でお会いする機会がありました。その方は自民党の政治家と長年交流する機会があったから、彼らがどういう感覚なのか、どういう価値観なのか、皮膚感覚でご存じで、興味深いお話をたくさん伺ったんです。

対米従属の問題に関してこうおっしゃった。日本の保守のエスタブリッシュメント層というのは、アメリカと日本国民との間に入っていろんな経験をしている。だから今の安倍さんのやっていることの動機は、要するにアメリカに対する怨念《おんねん》なんだと、恨みなんだというのです。どういう恨みなのかというと、間に立たされた日本のエスタブリッシュメント層は、かなり屈辱的な経験をしてきた。例えば、これは役人だか政治家だかの妻がすごい美人で、それを見た占領軍の将校だか将軍だかが「俺によこせ」といって愛人にしちゃった。そういうことをやられても、彼らは涙を呑《の》んで我慢するしかなかった。保守政治家と話していると、二代、三代にわたった恨み話を、酒なんか呑んでいると語り出す。あんまりそれがしつこいから、ある席で「あんたそんなにごちゃごちゃ言うなら、あんたの祖先が戦争に勝つべきだったんだよ」と言ったら激怒して、その後口を利いてくれなくなったというんです。実に生々しい話ですが、こういう屈辱も保守エスタブリッシュメント層が一般庶民に対して隠している次元ですよね。

内田　自分たちの恥だからね。

白井　そうなんです。その情けなさというのを全部隠蔽して、国民に対しては「アメリカと対等にやり合っている日本国の代表なんですよ」というイメージを作り、そして同時に「アメリカは日本に対して変わらぬ愛情を持っているんですよ」と演出してきた。だけど、アメリカが国家として日本に対して愛情など持っているわけがないといちばんよく知っているのは、交渉の最前線に立っている彼らだと思うのですが。そのあたりをこれから積極的に解きほぐしていかないといけませんね。

今回の対話を通じて、「敗戦の否認」という自分の打ち出した概念をどう深めていくべきなのか、沢山のヒントをいただいた気がします。「否認」という概念は、フロイトの精神分析学に起源を持ちます。私はそれを歴史分析に応用してみたわけです。これ重要なのは、「否認」が昂じた状態とは、明白に病的な状態だということです。これを治すことは簡単ではない。しかし、そうした病的状態が存在すること、これを認めることからしか話は始まりません。かつ、永続敗戦レジームの中核層やその支持層こそ、この病気を深く患っているわけです。病気というのはつらいものです。だから、われわれのメッセージは、随分攻撃的なことも、言いましたけれども、「あなた方もおつらいでしょう? そろそろ楽になりませんか?」ということでもあるのです。このことが伝わるならば、今回の対話は今の社会に対して、何某か有益なものとなるのではないか、と思います。

第五章

安倍退陣、アメリカ大統領選、そしてコロナ危機

トランプ政権の誕生と安倍政権

内田　五年前に白井さんと対談したときは、まさかトランプが大統領になるとは予想していませんでした。実際に得票数ではヒラリー・クリントンのほうが約三〇〇万票多かったんですが、獲得選挙人の数でドナルド・トランプが上回りました。安倍晋三はトランプの就任式前に駆けつけて祝意を述べましたね。

白井　あれには前段がありましたね。大統領選挙戦のさなかに安倍さんが訪米し、そのときはクリントンにだけ会ったんですね。安倍さんは「どっちが勝つかわからないんだから、トランプにも会っておいたほうがいいんじゃないか」と言ったんだけど、外務官僚は「あんなのが当選するわけありません。あんなのお話になりませんから、会う必要はありません」と進言した。ところが蓋を開けてみるとトランプ勝利。恐ろしいことに、外務官僚は安倍さんより頭が鈍いということです。そこで安倍さんは激怒したそうですが、「これはしまった！」と慌てて駆けつけて、本当に見苦しい会談を行った。見苦しいというのは、取り入りぶりがあまりにも露骨なのでオバマ大統領から「まだ俺の任期途中なんだけど」というコメントが出たりした。その後をどうとらえるべきか。

内田　ええ。

白井　顕著なのは、安倍政権になってから——これはオバマの時代もそうでしたが——日本とアメリカのトップ同士が会談した際の日本国内の報道です。どんどん中身がなくなっていく。どこで何を食べたかという話ばかりで、とにかく「仲がいいんだ、信頼関係ができているんだ」とアピールするばかりです。「安倍さんはオバマと仲がよかった。安倍さんは（日本の）民主党政権時代の危機的な関係を修復させた。トランプはかなり変わった人間だけど、彼とも信頼関係を築いた」ということになっている。でも、そんなのウソに決まっています。オバマと仲がよくてトランプとも仲がいい、なんていうことはありえない。だってトランプはオバマがやったことを全否定しているんですから。両方と仲がいいなんて論理的にありえないのに、とにかく仲がいいんだ、ということにしてしまう。私がずっと主張しているように、「アメリカは慈悲深く包み込んでくれるもの」という幻想への溺れ方がますますひどくなってきたのがこの五年間です。

内田　安倍辞任後に、安倍政権を総括する文章がいろいろ出ていますが、安倍外交を手堅い外交だったと評価するものがけっこう多いんですよ。これは僕には意外なんです。安倍首相は国際外交の中に出ていって、日本のビジョンを語ったり、日本の国益のために強く主張して相手から譲歩を引き出すようなことは、何一つやってきてないから。それにもかかわらず評価が高い。専門家たちによると、それはどうやら日米関係が安定していたということに尽きるらしい。オバマとトランプでは対日外交戦略がまったく違うのに、オバマの時に日米関係が安定して、トランプになっても日米関係が安定しているというのは、国家間の利害の対立をどう調整したかということではなく、日米の親疎の度合いだけで外交能力を評価しているからです。親密かどうかは情緒的なことにすぎないのに。事実、安倍首相はアメリカの国益と日本の国益の相反するところをすりあわせるという努力を一切やっていない。本来であれば、日米関係の懸案といったら地位協定の問題ですよね。トランプになってからだって沖縄で重大な事件がたくさん起きています。ほんとうなら日米地位協定をめぐって激しいやり取りがあってしかるべきなんです。辺野古基地だってそうです。「海兵隊がグアムに移転するなら、沖縄に基地は要らないだろう」と強く要求すべきです。でも、日本が要求すべきことを、安倍は何も要求しなかった。それなら外交はうまくいきますよ。日本の国益を追求しないんだから。

白井　最初から放棄しているので衝突も起こらない。

内田　アメリカの言うとおりにしているだけなんだから。それをもって日米外交が成功したなんて、言う方がどうかしている。

白井　はい、完全に狂っていると思います。

ところで、私の分析では、安倍政権は前半と後半で質が変わりました。前半はわりと分かりやすかった。外交は対米従属を強める、内政はネオリベ。でも、どこかでその限界に気づいた。安倍さんは気づかなくても周りが気づいた。

内田　いつごろですか。

白井　外交に関しては、集団的自衛権の行使容認をやって、新安保法制を成立させてからではないでしょうか。そこで、対米従属構造は制度的に十分発展させたということで、ちょっとほかのことをやってもいいかな、という雰囲気になりました。その具体的なあらわれが対ロ外交ですね。北方領土交渉を進めて、平和条約を結びたい。とはいえ、四島返還という大原則を崩したにもかかわらず、実際にはうまくいかなかったわけですが、模索はしたわけです。

もうひとつが対中国です。コロナで潰れましたが、本当は習近平を国賓として迎えるはずだった。米中関係がこれほどの緊張状態にある今、中国ともうまくやっていこうとした。香港問題でもほとんど批判を控えていますよね。前半はＴＰＰも含めて中国封じ込めの方針でした。「共通の価値観」とやらを掲げて、アメリカといっしょに中国を封じ込めましょうという戦略だったんですけど、いつの間にか方向性が変わった。そんなのはまったく現実的でない、今の日本が中国なしにどうやって生きていけるのか、無理に決まっているじゃないか、と。そういう現実に直面したということかと思われます。つまりは、対米従属一辺倒ではやれなくなってきた現実をついに認め始めたということなのでしょう。そのあらわれのひとつがイージス・アショアをめぐる一連の騒動だと思います。これは権力中枢の内部で乱闘が起きているといってもいい。菅政権になってから、やっぱり海上に浮かべてやるんだとかいう話が出ていますが、どうやら水面下で脚の蹴り合いが起きているようです。やはり、トランプ政権の成立が大きかったのでしょうね。アメリカがどういう方向に進むのかわかりづらくなってしまった。ＴＰＰで対中包囲網をつくるという話からも、アメリカが抜けてしまいましたから。

ただこれも原則のある話ではなくて、全て行き当たりばったりです。米中ロ全部に媚態を示しただけで、どういう芯があるのかさっぱり見えない。菅義偉が総理になって、最初の外遊先がベトナムとインドネシアです。これはたぶん、対米従属一辺倒派の巻き返しなんだろうと思います。

内政に関しても、前半はアベノミクスで大企業を元気にしよう、大企業が元気になればトリクルダウンでみんなそこそこよくなるはずであるという理論でした。日本を世界で一番企業が活躍しやすい国にする、とかなんとかというスローガンはまさにネオリベです。ところが後半になってくると、「働き方改革」だとか、「女性の活躍推進」だとか、どちらかというとリベラルが主張しそうなアジェンダを取り入れてくる。「同一労働同一賃金」とか「幼稚園・保育園無償化」もそうですね。特に、女性の活躍なんて、安倍さんの最もコアな支持層である日本会議系の人たちが嫌がる政策ですよね。それをあえてやっていくわけです。

このへんが自民党の凄さというか、あの人たちの権力への執念の凄さなんだなとあらためて感じます。さすがにむき出しのネオリベ政策だけをやっているのでは国民の不満も溜まってきていて、政権が維持できなくなる。だからここはひとつ、野党の政策をパクろう、ということです。ただしこれはいつか見た光景です。七〇年代に全国で革新自治体が強くなってくると、危機感をいだいた自民党が福祉重視政策に走っていくわけですよね。それに似ていると思います。権力に留まるためなら、主義や原則と一貫しない政策でもなんでもやるぞ、というのが自民党の伝統的なやり方です。今回もそれが機能して、安倍政権はこれだけの長期政権になったんだろうな、というのが私の感想です。

内田　なるほど。途中で切り替えをしたということですか。実際にパリテ法（政治分野における男女共同参画推進法）なんて通しましたからね。やる気は全然ないし、日本会議の反対もあっただろうに。

政府に人口減少対策のビジョンはあるのか

内田　一五歳から六四歳までの生産年齢人口が激減していますね。もうこうなると「生産年齢人口」という概念そのものを改定していくしかない。いま七〇歳ぐらいまで働いている人が多いですね。僕も今日（九月三〇日）で満七〇歳になりました（笑）。高齢者パスとか高齢受給者証とか送ってくるし、運転免許の更新でも高齢者講習を受けました。世間からはもう「ご隠居」扱いで、表から引っ込んでた方がいい年齢なんでしょう。でも、まだこうやって引っ張り出されて、働かされている。日本社会の最大の問題は人口減少と高齢化です。これはもう、政権が変わったからといってどうこうなるものでもない。今すぐに打てる手は打っておかなければいけない。生産人口を増やすためには高齢者にも女性にも働いてもらうしかない。

白井　「働き方改革」も同じですね。少子化に対する危機感ですよね。でも、もう遅い。完全に手遅れです。さすがに自民党とか財界も、これをなんとかしなければならないと思い始めたらしい。それが「働き方改革」や「女性の活躍推進」「幼稚園・保育園の無償化」ですね。でも、団塊ジュニア世代が妊娠適齢期を過ぎましたから、いまさらリベラリズムに目覚めたところで手遅れです。人口急減による社会の動揺はもう避けられません。

ついでに言うと、ケチ臭い「ロスジェネ救済政策」も「安倍リベラリズム」政策のなかにありますが、この世代の一員として反吐が出るほどむかつきますね。不安定雇用を長年強いられていた世代を助けるとか言って、役所とかがこの世代を対象として若干名を採用するとかいう話で、募集をかけると何百倍の倍率で応募が来ています。それにはしかるべき理由があって……「新卒じゃなきゃ採れません、若年でなければ採用できません。」という話じゃなかったんですか？　と言いたくなります。だから

「ロスジェネ救済政策」は本当はそんな理由などありはしなかったということを白状したのですよ。

さらに言えば、リベラルっぽい政策を採用したからといって権力の側が改心して道徳的に進化したわけでもない。働き方改革などの政策を安倍政権がやるというのは、マルクスが『資本論』の「労働日」の章で、なぜ労働者を保護する工場法が出てくるのかを論じた話を想起させます。労働時間を延ばして延ばして延ばしまくって搾取すると、短期的に資本家は儲かるんだけど、労働者はボロボロになって死んでしまう。そうすると搾取する相手がいなくなって資本家は困る。だからなんとか労働者が労働力をその日その日に再生産できるように工場法を作った。つまり、「工場法というのは善意・人道主義から出てきたのではなくて、資本主義の自壊的な論理から出てくる、資本主義の矛盾から出てくるものなんだ」とマルクスは分析しています。働き方改革も同じです。このままだと日本資本主義は終わるしかないという状況にあるので出てきた話です。同様に、ロスジェネ救済政策も、この世代にツケを押しつけてきたことによる社会不安の増大が怖いから出てきたのでしょう。ゆえに、構造的に見ると、壊滅的な人口減少、それによる混乱や衰退は、ロスジェネによる復讐なんですね。

内田　少子化対策にしても人口減少対策にしても、長期的なビジョンがないんですよね。哲学がないというのかな。言われたら小手先のことをちょっとだけアリバイ的にやってみせる。戦力の逐次投入です。「ここに穴が開きました」と言われたら、そこだけふさぐ。でも、そんな小手先の対策じゃ人口減少には間に合わない。日本はこれから劇的に人口が減少してゆきます。二一〇〇年の中位推計は五〇〇〇万人を切ります。今から八〇年で七七〇〇万人減ることになる。年間約一〇〇万人のペースで人口が減ってゆくんです。これほど劇的な社会の変動が起きているのに、それに関して政官財のリーダーたちは口を噤《つぐ》んで、長期的な国家戦略を一切口にしない。いや、実際には国家戦略はあるんです。でも、それは口が裂けても口外できない。いま実際に進められているのは棄民政策だからです。「人口減少に対する政府の長期的な政策は何ですか？」と問われて「都市一極集中で、地方はもう棄てるということです」と言い切ってしまうと、たちまち地方の票を失ってしまう。地方の議席を失ったら政権が維持できない。だから、もう地方は切り捨てることを決めているし、着々と実行もしているのだけれど、口には出さない。でも、スマートシティ構想だとかコンパクトシティ構想だとかからもわかるとおり、地方はどんどん見捨てられています。いま過疎化しつつある里山エリアに住んでいる人は地方の中核都市に集める。でも、いずれそういう地方都市も高齢化して、過疎化する。そうなったら、そこも棄てて、さらに大きな都市に移住する。そういう移動を二、三回繰り返したら、もう日本列島には人間が住んでいるところは太平洋ベルト地帯だけになる。そこまで半世紀くらいかけてもってゆくというのがいまの政官財の基本的なビジョンです。最終的には残った五〇〇〇万人を全員首都圏に集めるという「日本のシンガポール化」構想です。狭いところに人口が集まりますけれど、外から見ると街は人がひしめいているし、通勤電車も満員だけれど、首都圏から一歩外に出ると、広漠たる無住の荒野が広がっている……。日本はいまそういう未来に向かっています。

白井　いま里山の崩壊はかなり深刻になってきていると聞きます。最近聞いた話ですが、千葉県の房総半島、東京から直線距離でいえばほんの数十キロのところですが、そこの住民が銃の免許を取って、みんなで猟銃を担いでイノシシを撃っているのだそうです。イノシシが増えて危険なので。そうなった最大の理由は、過疎化によって、里山という中間地帯、原野と人里との中間地帯から人がいなくなったために、どんどんイノシシの生息エリアが下がってきた。なんだか『風の谷のナウシカ』みたいな世界に少しずつ近づいている。山が原野になってきている。

内田　ほんとにそうなんです。自然の繁殖力を侮ってはいけません。でも、人間の自然を抑制する力も侮れないんです。不思議なもので、人間がひとりそこにいて暮らしているだけで、自然の繁殖力はかなり抑制される。神社仏閣には寺男や堂守がひとりいればなんとかなる。誰かいて、庭を掃除したり、鐘を撞いたり、雨戸を開けて風を通していれば、自然はむやみには浸食してこない。でも、そのひとりがいなくなった瞬間にたちまち浸食してくる。あっという間に家も里も森に呑み込まれて消えてしまう。人間も自然の一部ですけれど、人間という自然がそこにいて、そこをテリトリーとしてある種の活動をしていると、他の自然は入ってこられないんです。

白井　「気」のようなもので抑えているのでしょうか。

内田　そうだと思います。イノシシが増えてきたというのもそういう「抑え」が利かなくなっているからだと思います。里山にある程度の数の人が住んでいて、畑作業をしたり、山仕事をしたり、水路や農道の手入れをしていれば、そう簡単に野獣は人里には入ってこない。山仕事といっても、人間が足跡を残すのは、全体のほんとうに一部なんですけれど、それでも「人間がいる」というマーキングをしておくと、その周囲の相当な範囲において自然の繁殖力が抑制される。人がときどき通るというだけの条件で、シカやイノシシやクマは山の奥の方に移動する。いままで森にいた野獣が最近はほんとうに街中に出没するようになりましたけれど、これは自然と都市を隔てていた緩衝帯である里山の機能が低下しているせいだと思います。人間がそこにいて、秩序立った活動をしているというだけで、自然の侵入はかなり効果的に抑制できる。空き家って、離れたところから見ただけでも、空き家だとわかりますよね。壁が剝落して、屋根瓦が落ちて、柱が歪んでくる。力学的にはあり得ないようなかたちで家がひしゃげている。中に人間がいるだけで、建物ってしゃんとしているんですね。

白井　人が住むことによって家は消耗するはずなんですが、不思議なことに住まないと荒廃する。なぜ人が住まない家は荒れるのかを科学的に解明している研究者はいるんでしょうか。

内田　いませんね。何のエビデンスもない話です（笑）、「気」の力で家が保っている、なんて。

白井　解明してほしいですよね！　なんでも、人が住まないと家が荒れるのは空気の流れが悪くなるからだという理由が有力らしいのですが、どうもそれだけでは納得できません。

内田　宇沢弘文先生が農村人口を二〇～二五％に増やさなければいけないということを書かれているんだけれど、それは産業構造がどうとか経済効果がどうとかいう話じゃなくて、わりと直感的なことだと思うんです。全人口の二割ぐらいが里山エリアにいないと、自然の繁殖力を抑制できないということを宇沢先生はわかっていたんじゃないかな。いまの都市一極集中戦略を考えている人たちは、都会の外周に壁を建てて、壁の外側には鉄道や幹線道路が走っている以外は見渡す限り無人の廃屋が広がっている……というイメージで都市集中した後の世界のビジュアルを想像していると思いますけれど、それはたぶんだいぶ違ってくると思う。人が住まなくなった街はあっという間に森に呑み込まれてしまうからです。壁の外は、もうすぐそこまで人間が分け入ることのできないような密林になってしまう。そこらじゅうにクマやイノシシが徘徊して、普通の人がうっかり壁の外に出て、幹線道路から外れてしまったら、けっこう「命がけ」というような事態になるんじゃないかな。いまの都市計画者たちは自然の繁殖力を過小評価しているんじゃないかと思います。これまで日本列島ではずっと人口が増え続けてきて、文明が自然をどんどん抑え込んでいった。そういう自然が人間に押しまくられる歴史しか知らないけれど、これからはそれが逆転する。森を切り拓いて集落を作った記憶はあるけれど、集落が森に呑み込まれたという記憶はない。でも、そういうことがこれからはあちこちで起きます。環境問題というと「自然を人間の破壊から守りましょう」という話になりますけれど、同時にどうやって圧倒的な自然の力から人間を守るのかという側面もあるわけですよ。そう考えると、都市部に全人口を集住させて、地方には交通網や通信網のようなインフラの確保のために最低限の技術者だけ残すというような発想はきわめて危険だと思う。自然と人間との関係がはっきり対立的になるから。自然が文明にとって敵対物として出現してくる。それじゃ自然とは共生できない。自然と文明が共生するためには、自然と都市文明の中間に分厚い緩衝帯をつくって、そこにできるだけ多く生身の人間を配置しておく必要がある。もちろん食料自給率をあげるとか、再生エネルギーのために地方にもっと拠点をつくるとか、緩衝帯にはいろんな任務があるんですけれど、僕はやっぱりただ農村地帯に人が住んでいるということがとっても大事なんじゃないかと思う。

白井　昔は「農村が都市を包囲する」なんて言葉がありましたが。

内田　毛沢東ですね。

白井　いまや原生林が都市を包囲する。そういう状況にだんだんなっている。これも資本主義の矛盾ですね。大都市への人口集中が進んで、地方都市もスモールシティに しなければインフラが維持できないということになって中心部に住むよう誘導していますよね。その結果どんな国土になるかというと、過密な都市が点在する一方で、その周りは人間が全くいないのでどんどん原野になっていく。このような国土の在り方が中長期的になにをもたらすことになるのか、まだ誰も予測できていないのではないでしょうか。

内田　芦屋なんかでもイノシシが我が物顔で歩いていますからね。

白井　京都市内でもクマの出没が問題になっているんですよ。それも山奥じゃなくて住宅地です。

天皇の代替わりと「お言葉」

白井　「お言葉」（編集部注・二〇一六年八月八日の「象徴としてのお務めについての天皇陛下のおことば」）からも四年経ったんですね。結果からいえば、日本社会は天皇（現上皇）のあの行為によって提起された問題を全く受けとめることができなかったと思います。それを強く実感したのは、今年度（二〇二〇年）前期に大阪大学で担当している授業で私の『国体論』（二〇一八年）についてレポートを出させたんですが、多かったのは、「「お言葉」にこんな意味があったのか。こういうことが語られているとは夢にも思わなかった。そんなことはチラリとも考えなかった」という感想です。学力が高いはずの阪大の学生でも、こういう受け止めだった。（上皇の思いは）やっぱり通じなかった、国民の側に受け取るだけの十分な感受性がなかったんだ、という気がしますよね。

私がなぜ『国体論』の中で「お言葉」について、かなり踏み込んだ解釈を書いたのかというと、上皇が長年考え抜いてこられたということが「お言葉」から伝わってきましたし、その思索の真剣さがにじみ出ているからです。かつ文脈というものを考えると、かなり勇気がいるというか、思い切った行動をとられたと感じます。よく玉音放送と対比する論評がありましたが、それはちょっと違うと私は思います。というのは、玉音放送は「ここに忠良なる爾臣民《なんじ》に告ぐ」とはじまって、「爾臣民それ克く朕が意を体せよ」で終わる。要するに国民に対して命令しているわけですね。それに対して「お言葉」は、「ここに私の気持ちをお話しいたしました。国民の理解を得られることを、切に願っています」と締め括られている。その語り方は、「理解せよ」と命じているともいえるけれども、しかし、全体的な論調からすると、やっぱり問題提起なんですよね。「私はこう考えてこうやってきました。みなさんはどうお考えですか」と問題提起をしている。立憲君主制というのは、民主制のなかに君主制が入っている、矛盾を内包したシステムですけれども、その矛盾のあるシステムの中で「これしかない」という解ですよね、この問題提起は。民主主義体制のなかの君主は、「よく聞け、こうせよ」とは言えないわけで、しかしだからといって、何も言わない君主なら「不要だ」ということになる。存在するからには何か言わなければならない。じゃあ、何を言い得るのかというと、問題提起をしてみんなに考えてもらうということ、それが民主制における君主の役割だと。よく考え抜かれた答えだなあと思いました。しかし、まさにそのような深い考えが伝わらなかったのです。そういう社会に、日本はなってしまった。

内田　天皇制ってヒメ・ヒコ制の時代から一貫して機能としては女性ジェンダー化していたと思うんですね。世俗的な政治権力が男性ジェンダーで、それに対して女性ジェンダーとしての天皇制がある。天皇は生物学的には男なんだけど機能としては女である。象徴的行為というのは死者の鎮魂と弱者の慰謝ですけれど、これは基本的にシャーマンとかナースの仕事であって、「男の仕事」ではないんですね。男の仕事というのは戦争とか経済とか支配とか競争とかそういうものなんです。男たちが夢中になるものを「現世的」とか「合理的」というふうに呼ぶから、女たちのやることは「神秘的」で「非合理的」なものに類別される。そういうものなんだと思います。天皇制が存在するのは「異界と通じるもの」というシャーマン的な機能を持つものが、統治システムの中に公的に存在したほうがいいという経験知を踏まえてのことだと僕は思います。「お言葉」に触れて、天皇制の人類学的機能ということをそれから真剣に考えましたけれど、その結論が「天皇制はあるというものでした。いまの上皇陛下は「日本国憲法下での天皇制がどうあるべきか」について戦後一貫して考え抜いてこられた。卑弥呼の時代から摂関政治の時代、幕府の時代を経て、大日本帝国の時代まで、一貫して世俗の政治権力と天皇制という二極構造が日本では統治機構の安定性と文化的な豊饒性を担保してきた。そして、二一世紀における天皇制というのはこういうものであるべきであろうということを天皇陛下みずからが表明したのが「象徴行為論」だと思うんです。僕はそれまで天皇制について正面から考えたことがありませんでした。そんなもの、どうだっていいと思っていた。でも、ときどきいるわけですよね、「天皇制なんて廃止したほうがいいんだ」という人が。でも、そういう人の話を聞いていると、さっぱり説得力がない。だって、具体的に「天皇制があるおかげで私はこのような被害を被っている」という事実がないんですから。天皇制による被害という立法事実がないと天皇制廃止という法律は起こせないでしょう（笑）。だから訊くんです。「なんで、君はこまっているわけ、天皇制で？」と。でも、誰も答えてくれない。

白井 はい、あの戦争を直に経験した世代だと直接の被害意識があるのも当然だろうと思いますが、そうではない世代が「被害」を言おうとすると、その理路は簡単ではないはずです。実際、例えばこういう質問をして、いわゆる天皇制廃止論者から納得のいく答えを聞いたことがないのです。「君主制のある限り民主主義は決して本物にならないというのなら、英国やスウェーデンやスペインの民主主義は偽物だということになるのですか？」とか、「天皇制こそ差別の根源というのなら、インドのカースト差別とかアメリカの人種差別とか、共和制なのになぜ存在するのですか？」といった問いです。だから、ステレオタイプの天皇制廃止論者に対してはこれは嫌味で言うのですが、天皇制こそ諸悪の根源、最優先の打倒対象だと本気で思うのなら、ネオリベと手を組みなさいよ、と。「皇室なんて税金の無駄だ」と。賛成する面々はたくさんいるはずで、現代の状況下で一番現実的な天皇制廃止の論理はこれでしょう。それができないなら、「天皇制こそ諸悪の根源」という話は、本気で考え抜かれた主張とは受け取れません。

内田　網野善彦さんが書いているように、天皇制というのは無縁の人たちとつながっている。天皇も無縁の人なんですよね。芸能人も宗教家も武道家もバクチ打ちも。遊行の人たちというのは、いわば天皇に身分保証してもらっているわけですから。無縁の人たちは日本社会において非常にダイナミックな役割を果たしてきたと思う。ですから、たとえば被差別部落の問題を、後進性だから排除して全部フラットにすればいいんだ、というのはちょっと単純すぎると思うんですね。社会的なそういう機能というのは誰かが担保しておかないと。定住する人とノマド＝遊行する人とは、社会の中で数としては九五％と五％ぐらいでしょうが、五％ぐらいのノマドという人たちがいて、その人たちの身分の保証を、世俗的なものではなく超越的なものが担保するという構造です。

白井　はい、やはり複雑なのです。その複雑さを一刀両断に単純化して廃止論にもってゆきたいのならネオリベの理屈が一番いい、「税金の無駄だ」と。

内田　そうです。まさにその通り。結局、最後は金の話になる。でも、二〇〇〇年続いてきた政治的装置の意味がそのシステムの管理経費がいくらかで考量されるべきだというのはいくら何でも考えが浅すぎると思いませんか。それより前に、「どうしてこんなものが二〇〇〇年も続いてきたのか？　その政治的効果はいかなるものであるのか？」について考えるべきでしょう。それとよく、「天皇制があることで身分差別が存在することが正当化されており、その結果社会的差別がなくならない」という人がいますけれど、これは話が違うと思う。先ほども言ったように、天皇制というのはまさに「無縁の人」たちとつながっていて、彼らが天皇制を支えており、天皇が彼らに身分保証をしてきた。そういう相互依存的な関係だったわけです。「無縁の人」たち、海民、山民、鍛冶、楽人、遊女、白拍子、陰陽師、医師、歌人、武人、バクチ打ち、巫女、勧進聖といった人たちは移動することを生業としていた。でも、移動の自由のためには関や渡や市庭や宿場の通行保証を得ていなければならない。それを保証したのが天皇だった。彼らは形式的には「供御人《くごにん》」という天皇の直轄民という扱いを受けて、その資格によって移動する権利を行使した。天皇もまた世俗的な秩序のうちに棲みかを持たない無縁の人であるわけですから、「無縁」という概念を媒介として、遊行の民と天皇の間には深い結びつきがあった。この人たちが中世以後に被差別民に変化するわけですけれども、発生的には彼らは天皇と同カテゴリーであったわけで、無縁のネットワークが日本社会においてどういう役割を果たしてきたのかという問いを見ないで、ただ身分の貴賤の差があるのは合理的ではない、ヒューマニズムに悖《もと》るという近代的な理由で天皇制廃止を結論するのは、ちょっと話の進め方が単純すぎると思うんです。社会的にいったい天皇制がどういう機能を果たしてきたのかを見ないで、いまの自分の価値観では合理的なものとは思えないから廃止というのは、ちょっと急ぎすぎだと思います。天皇制が果たしてきた機能は何か、それは天皇制を廃したあと、どのようなアクターによって代行されるのか、その道筋を立てないで、いまある制度を簡単に廃止することはリスクが高すぎる。どんな社会でも五%ぐらいのノマドは社会の多様性と開放性と生産性を担保するためには必要だと僕は思います。そして、その人たちの身分の保証は世俗的なものではなく超越的なものが担保しなければならない。だって、「世俗的価値観になじまない」ものの身分保証を政府や自治体のような「世俗的権威」が行っては筋が通らないですからね。そうやって考えると、神仏分離以前の日本は、なかなかよくできたしくみを持っていたと思います。

日本社会の分断はどこまで進んだか

白井 二〇一七年の東京都議選最終日に、安倍さんが秋葉原で「こんな人たちに負けるわけにいかない」と発言したことが、分断の象徴のようにも語られるわけですが、はたして安倍さんは分断しようと意図して発言したのか、どうなのか。思わず出ちゃったのか。もちろん、安倍さんは前からああ言いたかったんだと思うんですよ。私はあの現場にいました。東京に出張で来ていて、たまたまお茶の水にいたもんだから、「これは行くしかない」と見に行きました。自民党は秋葉原で街宣を締めると縁起がいいということでこの日もここを選んだようです。なんで秋葉原なのかということと、日本のオタクというものがどういう政治的主体なのかということとが強く結びついている問題なんですが。オタクはすっかり自民党支持層に組み込まれたようです。だからオタクの聖地・秋葉原で、気持ちよくオタクの喝采を浴びて選挙運動を締めるつもりだった。ところがそこに反安倍派が集まったわけですね。あのとき安倍さんが「こんな人たちに」と言ったと言われているけれども、私は現場で聞いていないんですよ。というのも中にいると「安倍やめろ!」の声しか聞こえてこない。安倍さんが何を言ってても全く聞こえない。

あの事件に関して、ある政治学者と研究会の席で激しい口論になりました。その学者は、「ああいうのはけしからん。演説の妨害は民主主義の破壊だ」と言うわけです。彼は研究のため、安倍さんが選挙戦の最後に何を喋るのか聞きに行ったそうです。ところが反安倍の声で演説が聞こえない。現場は大勢の人で押し合いへし合いだったんですが、その学者は前の方にいて、危険だからどいてくれと警備の人に排除されたらしい。そのことをずいぶん根に持っていました。

それで私は「私は「こんな人たち」の一員としてその場にいたけれども、あなたの言うことはおかしいよ」と言ったんです。彼が言うには、「選挙の演説というのは大事な政治的コミュニケーションなのであり、そのコミュニケーションをつぶすのはよくない」というわけです。私が言ったのは、「それは形式論だ。一般論としてはあなたの言うとおりで、『暴力はいけない』というのと同じように演説を邪魔するのはよくない。だけども、文脈というものがあるでしょう。それまで安倍さんが国会の質疑においてどれだけ不誠実な態度を繰り返しとってきたか。そうでなければ私は演説の妨害になんかいきませんよ。安倍さんにはこっちの言うことを聞く気がない。そういう政治家なんだなということがよくわかった。だったら、こちらにとっては言いたいことを面と向かって言えるめったにないチャンスだから、秋葉原まで行って『やめろ』と言ったまでだ」と言って怒鳴り合いの大げんかになったんですね。

内田　（笑）。

白井　そのとき、ここは譲れないなと思ったのは、その政治学者の論理が、「安倍さんが分断を持ち込んだ」と言うと、「でも左派もね」みたいな、よくあるどっちもどっちみたいな話だからですよ。下らないことを言うな、ということです。分断は明確化している。それは必然的なことであって、やっぱり分断は三・一一（東日本大震災と東京電力の原発事故）以降はっきりあるんです。三・一一でこの国は壊れて、いま重篤な状況にある。相当な手術をしないと立て直せないような状況にあるという認識を持った人と、それを必死で否認する人との間の分断です。否認する人の方が圧倒的に多いから、東京オリンピックをやろうとか大阪万博をやろうとかという話になるわけですけど、これらへの評価は真っ二つに割れているわけですよね。安倍政権の登場というのは危機否認派の勝利で、それが長期政権化したのはいかに否認派が多いかということでもある。でもいくら否認しても現実として危機的な状況がある。安倍さんが分断を持ち込んだというよりも、潜在的にある分断が顕在化しているにすぎないと思います。

内田　安倍政治で目立ったのは縁故者をひいきにするネポティズムですよね。オルテガが言っているように、民主制の本質というのは「敵と共に生きる、反対者と共に統治する」ということに尽くされると思うんです。たしかにそれは非現実的な目標ではあるけれども、それがめざすべき目標であることは譲れない。それを放棄したら、もう民主制はただの「どつき合い」になってしまう。だから、個人的には党派的な信念の持ち主であっても、いったん選挙で選ばれて為政者という公的地位に就いたら、自分に投票した人間だけでなく、自分に投票しなかった人間も含めて全国民を代表しなければならない。痩せ我慢でも、そういう「フィクション」を演じるふりをして欲しいわけです。国会だって議長になると政党の党籍を離れますね。そんなの表面的なジェスチャーに過ぎないことはみんな知っています。でも、いちおう格好だけは中立的なふりをする。僕はこの「公正なふりをする」というのはけっこう大事な「しばり」として機能していたんじゃないかと思うんです。議長と言ったって、どうせ党派的にふるまうんだから、中立的なふりをするのは止めて、堂々と自分の所属政党につごうのよいように議事運営をすればいいじゃないかと公言する人はさすがにいません。それは総理大臣も最高裁長官も同じです。「自分はこの公的地位に就いた以上、自分の個人的な思いは棚上げして、反対者を含む全国民の利害に配慮したい」という建前くらいは言ってもいいと思うんです。それが公人の義務だと思う。安倍前首相が許しがたいのは、その公人としての責務を何の疚《やま》しさもなく放棄したことです。白井さんが個人的に「安倍はだめだ」というのは全然ＯＫなんです（笑）。白井さんは公人じゃないんだから。どれほど党派的であっても、偏見の塊であっても、まったくかまわない。でも安倍さんの問題は、まるで自分も一市民みたいな感じで平然とふるまうことです。総理大臣であるにもかかわらず、平然と私人のようにふるまう。公権力を使って友人に便宜をはかり、税金を投じて後援者に飲み食いをさせる。そのことをまったく疚しいと思っていない。公人になったら、一市民としての安倍晋三の私的な感情や信念はいったん棚上げしなければならないということがわかっていない。公人は「本音と建前」という分裂を抱え込んで生きるものなんですよ。その苦労をあえて引き受けるのが公人の本務なんです。葛藤を抱え込むわけですから、さぞかしストレスフルな経験でしょう。でも、それに耐えるのが公人なんです。それに耐える覚悟がないなら、はじめから公職をめざすべきじゃない。国民が敵味方に分断している現実を受け入れて、「それでいい」と認めてしまうと、国民国家というフィクションはもう成立しないんです。国民国家というのは、「国民は共通の利害で結ばれている」というあり得ない仮定の上にはじめて成立する政治的擬制なんです。もちろん現実にはそんなものはあり得ない。けれども、なんとかしてそれを実現しようという自転車操業的な努力が国民国家をかろうじて存立させているんです。「全国民が利害を共通するなんてありうるわけないじゃないか。国民を敵味方に分断して、多数派を制するためにはどんな汚い手を使ってもいいんだ」ということを当の為政者が言い出したら、自転車は倒れてしまう。自転車をなんとか前に進めるには、痩せ我慢でも、公人は公平なふりをして、全国民の利害の一致というあり得ない国家目標に向かってよろよろと自転車を漕がなければならない。白井さんは安倍政権の前半と後半が違うとおっしゃいましたが、前半にあったのは政策的な国民の分断でした。でも、後半になるとモリカケサクラに見られるような「公権力、公金を使って、味方を優遇する」というネポティズム政治一辺倒になった。これは安倍政権が、「国民国家としてどのようなビジョンを実現するか」という国家目標を見失ったことの帰結だと思います。政権の前半は集団的自衛権でも、共謀罪でも、特定秘密保護法でも、これこれこういう法律を作ると国益にどう資するかという正当化の議論があったわけですけれども。

白井　はい、しかし安倍さんに痩せ我慢を要求しても無理だろう、器にあらず、という気がしてならないのですが。それはともかくとして、集団的自衛権の問題や、アベノミクスについては、適否の議論ができますが……。

内田　ところがモリカケサクラって、適否の議論がまったくできないんです。モリカケサクラになると、もうそれがどう国益を資することになるのかという正当化の詭弁さえ弄せなくなった。誰にも言い訳の通らない、正当化のしようのないことをしたわけですから。だから、「なかったこと」にするために全力を尽くすということになった。

白井　はい。倫理や価値観のレベルにまで分断が進んだということだと思うんですよ。

内田　一度敵味方に国民を分断して、それで成功のうまみを知ると、あっという間にそこまで堕落するということです。公人であるという意識を失い、党派的なふるまいをしても、それでも支持率が下がらなかったことに味をしめて、たがが外れてしまった。政権後半は「徹底的に一私人として公職を遂行する」というとんでもないことを始めてしまった。公人としての節度を持たなかった統治者を七年八カ月も日本国民は支持し続けてきたわけですから、日本の社会も崩れますよ。もう公私の区別ということがつかなくなった。これは民主主義の危機であると同時に国民国家の危機だと思いますね。

白井　社会の底が抜けた感があります。アベノミクスや集団的自衛権の行使容認をどう評価するかというレベルでの支持／不支持は、あくまで政治的な論争なんですよね。その政治的論争においては、相手の論理をきちんと理解して、意見が異なっても相手を尊重するということが可能な対立になるわけですけれども、モリカケサクラはそういう問題ではなくなってしまう。一つ一つは実につまらないケチくさい利益誘導事件なわけですけれども、それがバレちゃって、バレたのをごまかすから改竄だの隠蔽だのが起こって、ついに人が死ぬところまで行った。これを是とするのか。これをＯＫだという人とは、もはや話が通じない。

内田　法とは何なのか、なぜ法があり、法を守らなければならないのかということを、安倍晋三という人は結局最後まで理解できなかった。あの人は、権力を持っているということは法の支配を免れられることだと勘違いしたんでしょう。だから、総理大臣でありながら、憲法九九条の「憲法尊重擁護義務」を平然と破った。私人ならいいんですよ。でも、憲法の尊重擁護義務があるのは公人だけなんですから。それを平然と踏みにじったというのは主観的には安倍晋三はずっと私人のつもりでいたということです。だから、平気で改憲を論じた。彼にとっては憲法というのはそれほどに軽いものだったんでしょう。だったら、どうしてそんなに政治的重要性のない改憲に政策的な優先性を与えたのか。

白井　安倍さんの理屈としては、マッカーサーが押しつけたクソ憲法だから、こんなものは尊重する必要がない、という理屈なんじゃないですかね（笑）。

内田　ほんとにそれが一番言いたいことなら、アメリカの議会でそう言えばいいじゃないですか（笑）。アメリカの議会ではぜったいに口に出して言えないことを日本ではぺらぺらインタビューかなんかで言うというあたりの「軽さ」が僕は耐えられないんです。それが彼にとっての譲れない政治的信念なら、あらゆる場面でそう公言すればいい。そして、情理を尽くして説得して、国内外からの同意をとりつければいいじゃないですか。「みっともない憲法」というのはまことに情緒的な、彼の個人的感懐に過ぎないわけですよ。国内だったら、そんな感情的な発言にも拍手喝采する人がいるのでしょうけれども、海外じゃ通じない。アメリカに憲法を「押し付けられた」のがそんなに不愉快なら、アメリカ大統領に向かってそう言えばいいじゃないですか。あんたたちのGHQが作文した憲法は「みっともない」んだよって。それが口に出せないで、アメリカ大統領の前に出るとへらへらしてもみ手している姿こそはるかに「みっともない」。憲法を守るっていうのは公人の政治的「痩せ我慢」の第一条でしょう。僕だって、東京都の公務員に採用されたときには「私は日本国憲法と日本の法律を遵守します」っていう誓約書に署名捺印しましたよ。そうしないと公務員になれないんですから。だから、安倍晋三だって国会議員になるときに「私は日本国憲法を遵守します」という誓約書に署名捺印しているはずなんです。一度は署名捺印した以上、その誓約には少なくとも心理的には縛られる。憲法を改正したいというのなら、遵法の誓約に署名捺印したおのれの「恥ずべき過去」との葛藤があっていいんじゃないですか。そういう葛藤があれば、「憲法のしかじかの条項にはいささかの疑義がある」という程度のことは言えても、「みっともない」というような情緒的な言葉で全否定できるはずがない。ということは、彼は自分のなした誓約と自分の行動の間の齟齬に葛藤していないということなんですよ。約束したことと、いましていることの間に矛盾があったときに苦しむということが彼にはない。そういう人が七年八カ月為政者の地位にあったわけですから、日本社会から「公人の節度」という概念が消え去ったのも当然ですね。

安倍政権とコロナ対策

内田 安倍政権のコロナ対策は無原則で場当たり的でした。最初のうちはとにかくオリンピックをやりたい一心でした。ボタンのかけ違いの始まりは、そこからですね。オリンピックを七月に開催したい一心でしたから、いかにして感染を小さく見せるかに腐心した。

白井 結局、なんで安倍さんが退陣せざるを得なかったかというと、コロナですよね。六月に国際世論調査があって、イギリス、フランス、アメリカ、ドイツ、スウェーデン、日本の国家元首のコロナ対策を評価するアンケートが取られた。いちばん評価が高いのはドイツのメルケル首相で、いちばん低いのが安倍さんでした。あのトランプよりも安倍さんのほうがダメだと思われている。これはなかなか驚くべきことです。だってアメリカとは桁違いに感染者・死者が少ないわけですよね。これはちょっと安倍さんが気の毒になるほど（笑）のひどい数字が出ている。コロナで安倍さんは国民に安心感を与えることができなかったということなんですよね。そういう空気のなかで安倍さんは首相を続ける意欲を失ってしまった。

となると、後はどうやって安全に辞めるかということが課題になってくる。なにしろ、下手すると安倍さんは手が後ろに回りかねないから。自分に対して向けられているささくれ立った国民の感情、「引っ込め、バカヤロー」という感情をなんとかなだめた形で辞めないとやばい。それと後継者の問題ですね。石破茂氏が後継者になったら大変なことになる。国民感情がささくれ立ったまま石破氏が首相になったら、石破さんは党内基盤が弱いですから、安倍憎しとなった国民感情を利用してポピュリズムを煽って、さまざまな安倍さんのスキャンダルの刑事責任を追及するだろう。それは絶対に阻止しなければならない。

ということで、病気である、病気なのに頑張ってきたというストーリーをつくって国民感情をなだめる。なお、第一次政権を投げ出したときも今回も、持病であるとされている難病の潰瘍性大腸炎の診断書は誰も見ていません。診断書の提示はなしで、本人がその病気だとおっしゃっている。事実として指摘しておきます。

それから絶対に石破を台頭させない。この二つのミッションを八月から九月にかけてやりきった。見事な演出だったと言うべきだと思います。「引っ込め、バカヤロー」だった国民感情を、「病気をおして働いてくれて、長い間ありがとう」へと転換をはかることができた。それと並行する形で、菅さんに継承させる、居抜きである、と。コロナで政権が飛んだ国って、他にないんじゃないですか？　いや、トランプ政権もそうか。やはり仲良しだったようです。

内田　僕が見た別の国際世論調査では、自国の政治指導者の感染症対策を高く評価するという回答が一番多かったのは中国とベトナムでしたね。これはまあそういうお国柄ですから、わかる。ニュージーランドが高いのも当然だと思います。世界平均は四〇%。感染者・死者ともに世界最多のアメリカのトランプ大統領でさえ三二%でした。その中にあって、安倍首相はなんと五%。アメリカに比べて、死者数は一〇〇分の一以下なのに、この数字に僕は驚きました。でも、その時点での内閣支持率は三〇%台だった。つまり、日本の有権者の三〇%は、「安倍政権は国民の公衆衛生のための政策を適切には実施していないが、私は内閣を支持する」というふうに思考しているということになる。政策が適切であって、その結果自分が受益しているので政権を支持するというのならわかるんです。でも、そうじゃない。この三〇%のコアな支持者たちは、この首相が国民のために汗をかく人ではない、ということはわかっているんです。自分の身内のために公金を使って便宜を図ったり、飲み食いをさせたりすることはこまめにするけれど、全国民がその政治的立場にかかわらず等しく良質な医療を受けない限り克服できない感染症のような事態については、何もしないということを安倍支持者たちでさえ知っているんです。安倍晋三は「全国民のために」働く政治家ではないということを安倍政権のコアな支持層でさえ知っている。そして、だからこそ彼を支持している。自分の支持者のためにしか働かない政治家に感染症の抑制ができるはずがない。だから、それについては諦める。そして「コロナ対策なんかまともに取り組むはずがないような政治家」だから彼を支持する。公人として節度をもったり、痩せ我慢をしてきれいごとを言ったりしないで、私人として好き放題に権力を行使するという態度に好感を抱いているんです。彼が全国民の健康に配慮する気なんかまるでない政治家だということをコロナは鮮やかに可視化しましたね。

白井　はい、重要な点だと思います。自分の支持者たちを喜ばせること、その最たるものが身内への利益誘導ですが、それをやって、あとは「やってる感」で誤魔化すというスタンスできましたけれど、それでは太刀打ちできない問題がコロナだった。安倍支持派も不支持派もコロナには罹るし、他人にうつすかもしれない。はじめて「万人のための政治」をやらなければならなくなって、途方に暮れて混乱したのかもしれない。

内田　星野源の動画が決定的にまずかった。

白井　人をいらだたせましたよね。

内田　目が泳いでいましたからね。お茶飲んで、ワンコ抱っこして。感染症が広がっているときの総理大臣として、あれはないですよ。緊張感のカケラもなかったじゃないですか。あの時期、各国のトップは繰り返し出て、国民に向けてメッセージを発信していた。その中にあって、うちの首相だけが、あらぬ彼方をぼんやり見て、心ここに在らずという風情で、一言も発しなかった。あれを見て、僕はほんとにがっくり来ましたね。一言くらい国民を励ます言葉がないのか、って。でも、あれで自作自演で墓穴を掘った。あの墓穴の深さは相当だと思います。

白井　誰もあれをダメだと言わなかったのでしょうか。誰に相談したのか。

内田　電通ですかね。

東京オリンピックはどうなるのか

白井　もっとも、安倍さんはけっこう早い時期からやる気を失っていたという説がありますね。本人はもうやる気がないんだけど、構造的に辞められない。いま失脚すると牢屋行きになりかねないということもあったでしょうし、自民党の中でも次のタマがない状況。本音では誰もやりたくない、だからずっと安倍さんに続けてもらうしかない、と。そうこうするうちに、六月、七月あたりで、安倍さんも限界に達した。

内田　オリンピックが延期ということが大きかったんじゃないですかね、直接には。

白井　ひょっとすると安倍さんが辞めるときにオリンピック中止も同時に発表するかと思ったんですが、しませんでしたね。最終的にはＩＯＣと話をつけるということなんでしょうが、ＩＯＣはまだ開催できると考えているのでしょうかね。

内田　率直に言って、二〇二一年になんてできないでしょう。

白井　無理でしょうね。

内田　僕の友達に、オリンピックと電通を担当しているという気の毒な人がいるんですけど、この間彼から聞いた話では、組織委員会はお金がなくなってしまったので、仕方なく勧進帳を回して、企業を回ってお金を出してくださいってお願いしているんだけれど、どこも払ってくれないそうです。オフィシャルスポンサーとして出したお金、結局まったく宣伝効果がなかったわけですからね。これまで何のメリットもなかったところに「来年のオリンピックのために寄付をお願いします」と言われても出せませんよ。

白井 そうでなくてもコロナのせいで各社とも厳しい経営状況でしょうから。

内田 そうですよね。自分の手元が不如意なときに、組織委員会が入っているビルのテナント料とか、何も仕事がないスタッフの人件費とか払えなくなったのでお金下さいって言われてもね。

白井 企業から出向で組織委員会にきているスタッフも戻っていると聞きました。

内田 そうですか。

白井 そうなると見物なのは、いつ中止を決定するのか。それとも日本選手だけでやって日本が前代未聞のメダル独占とか(笑)。今の日本人の精神状況に実にマッチしたやり方だと思います。

内田 それじゃ国体ですよ(笑)。本気でやるなら、無観客試合しかないと思うけれど、選手以外に観客を入れないオリンピックなんて盛り上がらないことおびただしいですよね。年内にワクチンが開発されて、認可されて、あっというまに世界中に行き渡るというようなことがない限り、オリンピック開催は不可能でしょう。ワクチン開発が年をまたいだらもう無理だと思う。各国とも選手選考さえできていないわけですから。

それに、観客についても、選手についても、「この国からは来てもいいけど、この国からはダメ」という差別を導入したらオリンピックの意義がなくなる。それだと「国際大会」とどこが違うのか違いがなくなる。五輪旗は五大陸の団結と世界中の選手が集うことを表現しているわけですからね。それに今度のコロナは後遺症がきつくて心肺機能や消化器にも残るリスクがある。アスリートが罹患すると、その後の選手生命にかかわることにもなる。果たしてそれだけのリスクを冒してオリンピックに行くか。それより自分の選手生命の方を優先するんじゃないですか。

白井　これも冬の感染状況がどうなるかということが大きく影響してくるでしょう。ヨーロッパがいまひどい状況になってきていますが、温度が下がっていることと関係しているのでしょうね。第一波に比べて死亡率こそ下がっていますが、桁違いにたくさんの人が感染しています。

内田　僕の周りの感染症の専門家たちはみなさん日本も秋・冬になると第三波が来ると予測していますね。

白井　一番怖いのは、オリンピックを諦められないために、強引にワクチン実験や接種を進めて薬害を引き起こすことですね。

アメリカ大統領選の日本への影響

内田　二〇二〇年のアメリカ大統領選挙が終わりましたけれど、この結果を白井さんはどう評価しますか？　事前予想では、バイデンかトランプか、どちらが当選するかなかなか読めなくて、いろいろな人に訊いて回りましたけれど、「トランプが逆転勝利」という予測を立てる人が予想外に多かったんです。僕はアメリカのためにも、国際社会のためにも、トランプが退場してくれてほっとしましたけれど。

白井　終わってみれば、トランプの善戦が目立ったと思います。コロナ対策であれだけの失敗をしているのに七〇〇〇万票以上取ったのですから。だから、バイデン政権となってアメリカは正気に返るだろうというような見方には、私はあまり納得できないんですね。バイデンは融和を訴えていますけれど、そもそもトランプ政権が誕生するほどの分断をつくり出したのはバイデンを含む既存のワシントンのエスタブリッシュメントたちだった。象徴的なのは、二〇一六年の選挙でヒラリー・クリントンが九五対五とかで圧勝している選挙区がある。ワシントンD.C.です。住民は政界関係者が多いわけですね。当然共和党関係者と民主党関係者両方がいるはずですが、党派を問わず「トランプは絶対にダメだ」と拒絶したことをこの数字は物語っているのでしょう。そして今回、ワシントンD.C.の選挙結果を見てみると、同じような数字でバイデンが勝っている。トランプ政権の四年間が過ぎて、勝利したのは誰なのかということが問われてきますね。トランプ当選は、同時に起こったサンダース旋風も含めてアメリカの既存の政界に対する「ノー」の突き付けだったわけだけど、いま既成勢力は権力を取り戻したということにも見えます。

内田　トランプもサンダースもそれぞれの仕方ですが、二大政党の既存の政治的な枠組みではもはや十分に民意を汲み上げることができなくなっているというアメリカのデモクラシーの制度疲労を可視化したことはたしかですね。

白井　それと、対外政策を見ると、オバマが出した「アメリカはもはや世界の警察官ではない」、つまり、もう特別な国ではないのだという宣言ですが、これをトランプは引き継いだ観があります。だから、トランプはそれこそ「もはやアメリカは世界に冠たるアメリカではない」ということをアメリカ人が納得するために必要とされるリーダーだったんだ、とヘーゲル主義的にはそうなるんじゃないでしょうか（笑）。

内田　アメリカという国の政治にはたくさん問題もありますけれど、政策の決定過程が可視化されていて、透明性が高いという点だけは評価できると思うんです。政党の中の力関係がどうなっていて、圧力団体がどのような利益を求めていて、その意を体してロビイストたちがどう動いているということが、だいたい外からもわかる。だから、ある政策が採択された場合にでも、いくつかの予測のうちのどれが当たったかわかるし、どういうファクターがどう関与してそういうことになったのかが説明できる。でも、ロシアとか中国は、そうじゃないですよね。政策の決定過程が見えない。突然ある法律が出てきたり、ある外交政策が出てきたりする。予見可能性がきわめて低い。ですから、アメリカの国力が落ちて、相対的に中国の国力が上がって、両者の力が拮抗してくると、日本としては、外交上ものすごくストレスがかかることになる。意思決定過程は透明だけど国力が衰微しているアメリカと、国力が増大しているのに意思決定過程が見えない中国との間に挟まれて外交ゲームをしなければいけない。いまの日本に、米中の両方とタフな交渉をしながら、国益を守っていけるだけの知性と器量を持った人間は、政治家にも官僚にもいません。それを考えると——もちろん僕は対米自立を果たして、国家主権を回復することを戦後日本の国家目標であるということについては譲るつもりはないんですけれど——できたらバイデンに勝ってもらって、アメリカの国力の低下にブレーキがかかって、米中の間で対話的な環境が生まれることを願っていたわけです。アメリカになんとしても国力を回復していただきたいと(笑)。僕みたいに考えている人って、けっこう多いと思うんですよね。ヨーロッパでも多いだろうし、アジアでも。

白井　日本あるいはアジアから見た場合、バイデンになってもアメリカの対中政策は大きくは変わらないのではないかと思うのです。どちらにせよ、米中の緊張は高まるのではないでしょうか。ですから、今後もよいシナリオは見えないんですよね。このままトランプが選挙での負けを認めず内乱的な混乱が生じたりすれば、各国の権威主義的な独裁政権は格好の宣伝材料を得てしまいます。「ほら見ろ。デモクラシーというのはこんなに不安定なんだ」と。

なぜトランプはそんなに票を得ることができるのか

内田　アメリカ人はリバタリアン気質を評価する人が多いですね。リバタリアンは自分のことは自分でするのが信条で、税金を払わないというのと兵役にいかないというのが二大特徴です。どれほど困窮しても公的な支援を一切求めないから、そのかわりに税金を納めない。自分の命は自分で守る代わり徴兵には応じない。トランプは五回の徴兵を学業を理由にしたり、偽の診断書を出したりして逃れていて、税金もぜんぜん払わないできました。納税額が七五〇ドルの年もあった（笑）。すごいですよね。でも、税金を払わないのと兵役に行かないのはリバタリアンにとっては当然のふるまいなんです。あれほどの富豪が税金を七五〇ドルしか払っていないと聞くと、アメリカの国民はさぞや怒るだろうと僕らは想像するんですが、そうではないんです。逆に支持者たちはトランプに拍手喝采する。リバタリアン的には税金を払わないのはたいへん正しい行いだからです。二〇一六年の選挙期間中も、連邦税を払っていないということが暴露されましたが、あのときも彼は「税金なんて誰も払いたくないんだよ。みんなどうやって税金を払わずに済ませるか頭を悩ませているけれども、オレは賢いから払わないで済んでいる」と言い抜けたわけですね。これも支持者たちは拍手喝采した。だから、税金を払っていなかったということが暴露されても、リバタリアン的な支持者たちのトランプへの評価は上がることはあっても落ちることはないんです。

白井　トランプの選挙戦を見ていると、徹底しているのは、自分を支持してくれる層を徹底的に固めるということですよね。層を拡大していこうという発想はほぼないですよね。多様な層を取り込んでいこうという発想はなくて、いまある支持層を固めてそこだけ投票率が上がれば当選できるという考えだったんじゃないですかね。

内田　自分の支持層だけを選択的に厚遇するような不公平な政策を採っても、反対者たちの投票率を下げることができれば政権は安定する。トランプもそうですし、安倍もそうでした。七年八カ月の間、身内だけを手厚く遇し、反対者にはまったく配慮しない、要求にゼロ回答で報いるということを続けていると、国民の政治に対する関心は目に見えて下がってくるんですね。自分が何を言っても、何をしても政治は変わらないと思い出すと、投票率がどんどん下がってくる。安倍政権が続く限り受益できる人たちはもちろん熱心に投票するし、周りにも自民党に投票するように勧める。受益しない人たちは投票しなくなる。そうすればコアな支持者が三〇％いたら、あとはどうやって投票率を下げるか工夫しさえすれば、あらゆる選挙で勝ち続けられる。期せずしてトランプと安倍では同じタクティクスを使っていたんですね。

白井　この五～一〇年で日米とも社会の分断が進んだことは、否みがたい現実です。小手先ではこの分断を再統合することはできないでしょう。現に、あれだけのカリスマ性を具えていたオバマ大統領でもそれができず、その反動で分断を増幅させるトランプ政権を招き寄せることになりました。さっきも言ったように、日本の場合は三・一一が決定的だと思います。一人一人の日本人にどれほどの自覚があるかはともかくとして、あの大震災と原発事故をどう受け止めるのかという問いに対して、社会が真っ二つに割れた。原発震災に対する日本社会の多数派の「答え」が、安倍長期政権だったのでしょうし、東京オリンピックであり、大阪万博なのでしょう。他方に、「冗談じゃない」という人たちがいる。この亀裂はそう簡単には埋まらないでしょう。

二つに割れた陣営の間に無関心あるいは深い諦めに浸食された大きな層がいて、それが投票率によく表れています。国政選挙で五〇%いくかいかないかということになっているわけですけれども、戦後の投票率の動向を見ていますと、不可逆的に見える下落が二度起きているんですね。衆院選は七〇%を超えるのがふつうだったし、参院選も平均して六割を優に超えるという時代が長らく続いてきたんですけれども、それが大きく下がるのが、まず五五年体制の崩壊期ですね。小沢一郎さんが自民党を割って新進党をつくる一方で、自社さ政権のようなよくわからんものができた。そうした流動期にいちど不可逆的に下がります。

内田　下がったんですか。へえ。

白井　その水準からさらに下がるのがこの安倍政権期ですね。

内田　五五年体制の崩壊からずっと下がり続けるの？

白井　いちど盛り返します。

内田　二〇〇九年の政権交代の時は？

白井　そこが盛り返しの時点でして、高いです。その前の小泉郵政選挙の時もそれなりに高いです。だから二〇〇〇年代後半にいったん回復するんだけど、その回復度合いというのが小さい。二〇〇九年の時も七〇％は超えていませんから。六九％ですから。回復したといってもかつての水準は取り戻せなかったんですね。そこからぐーんと落ちたのがこの第二次安倍政権期でした。

内田　去年（二〇一九年）の参院選は五〇％を超えたんでしたっけ？

白井　割りました。四八・八〇％ですね。

内田　地方選だと二〇％とかですからね。

白井　これって、レジームの変化が起きているときに、こういう不可逆的な下落が起きていることに私は気づいたんですが。

内田　逆じゃないいんだ。

白井　五五年体制が崩壊したとき、既存の目で見ると何が起きたのかわけがわからないわけです。そのときに多くの人が関心を失ったことがわかります。

内田　逆じゃないんですか。混乱している時って注目するんじゃないの？　逆なんだ。混乱してくると、関心を失うんだ。

白井　五五年体制の崩壊期についてはそう言えそうです。ただし、混乱すると必ず投票率が下がるという話でもないと思うんですね。というのは、第二次安倍政権期の場合は混乱ではないですから。とっても安定していたわけですから。

今回の安倍政権をどう見るかというのは、今後、菅政権がどうなるかということで判断も変わってくるんですが、結局、平成の政治ってポスト五五年体制の模索とその失敗だったわけですよね。ポスト五五年体制というのは政権交代可能な二大政党制である、といわれていた。それで民主党政権が二〇〇九年にできた。ところがいろいろあってうまくいかなかった。で、「なんだよ、政権交代なんかしても無意味じゃないか。自民党に似たようなものになるだけじゃん。だったら最初から自民党にやらせておけばいいじゃないか」というわけで、安倍政権になってものすごく長期政権化した。なんで長期政権化したんでしょうね、というと、世論調査などによれば、最大の理由は「ほかにいないから」ですよね。それは野党にも代わりがいないし、与党のなかにも代わりがいない。だから、政権交代は起こらない。こうなってくると、これは安倍政権というよりも、安倍レジームである、と。この長期政権の期間を通して、新しいレジームができたのだ、と。安倍一強体制といわれましたが、ポスト五五年体制というのはイコール安倍一強体制だったんだ、という真実がいま明らかになってきている。上智大学の中野晃一さんは二〇一二年体制とある新聞に書いていましたが、私はそれが非常にピンときます。そこで菅総理になるというので……。

白井　そうです。継承だといっていますよね。だとすると菅政権というのは何かというと、安倍晋三なしの安倍政権だというわけですね。これがうまくいくのか、安定して持続できるのか。仮に持続できたら、新しいレジームが確立されたんだと私たちは考えるべきだと思います。これがあまりうまくいかないとしたら、安倍さんのキャラクターとか属人的なものによって安倍長期政権は成り立っていたんだということが明らかになるわけですから、これは体制ではなかったんだという判断になると思います。

内田　僕はわりと属人的なキャラで保っていたところがあるような気がします。

白井　私もそう思うんです。やっぱりあの人の、なんというか名門に生まれたという毛並みの良さみたいなもので政権を維持させてきたところがあると思うんですよね。どんないい加減なことを言っても許されてしまったし、安倍長期政権の力の基盤は治安関係者であったわけで、表向きの顔つきとは正反対に実に暗い政権だったわけですが、それを感じさせなかった。同じことを菅さんがやったら、たぶん保たないのではないか。

内田　そうですね。安倍政権は官僚の人事権を官邸に集中させて、下僕化できる役人を下僕にしました。ちゃんとした人もいたはずなんですけれど、そういう人はキャリアパスから排除されてしまう。

白井　排除されるか、沈黙するか、辞めるか。

内田　若くて能力のある人たちが官僚にならなくなってしまう。

白井　こんな状況で誰がなりたいでしょうか。まともな人間ならば絶対に選ばない職業になってしまいますね。よってますます劣化が進むでしょう。

大阪万博は誰も話題にしていない

内田　二〇二五年に大阪万博がありますけれど、東京ではもちろん、大阪でもまったく話題にならないですね。ぜんぜん盛り上がっていない。少し前に事務方の人が僕に会いに来たんです。「何をやったらいいでしょうか？」って。僕に訊いてどうすんだよ（笑）。事務方も各企業からの出向なんですよね。彼らが僕のところに来た時には、まだ事務方の責任者が着任していなかった。裁可する人がいないので、備品も買えないと嘆いていました。テーマは決めたものの、具体的なアイデアは何もない。

白井　テーマは健康と生命とかでしたっけ（編集部注・「いのち輝く未来社会のデザイン」）。

内田　大阪の道修町《どしょうまち》は薬品の街で、薬品メーカーの本社がありますから、たしかに医薬品とか医療機器は大阪の「特産品」ではあるんです。だから、たぶん最初は「最新の医療器具の見本市でもやったらいいんちゃう？」みたいな、適当なアイデアだったんだと思います。でも、ただの商品見本市で万国博覧会を引っ張るのは無理ですよ。企業パビリオンがさっぱり出ないし。早々とパナソニックが単独でのパビリオンを出さないと言っちゃったんで、他がしり込みしちゃったんです。七〇年の万博の時は日本中の企業が出したし、海外からもパビリオンが出ましたが、今度はどこも手を挙げない。

白井　それで今回、菅政権がわざわざ担当大臣ポストをつくったわけですか。相当焦っているんでしょうね、てこ入れしないとヤバい、と。菅さんと大阪維新との近さも関係しているのでしょう。

内田　あと五年しかないのに、土地がまだ整地されていない。ＩＲの招致もどうも無理そうだということになると集客力が何にもない。

白井　東京オリンピックはコロナというある種、不可抗力で開催できない状況に追い込まれるということですが、大阪万博の場合はたんに、できないという状況が待ち構えているのでしょうか。

内田　万博の失敗もコロナのせいにすると思いますけど。

白井　盛り上がるわけがないのは、会場の夢洲《ゆめしま》は埋立地ですよね。東京でいうと夢の島みたいな。

内田　埋め立ててつくった人工島です。

白井　そもそもが大阪のウォーターフロント開発の行き詰まりから出てきた企画ですよね。なんというか、ウォーターフロント開発とその失敗というのは、資本主義の矛盾の縮図ですね。都市のエコロジー的矛盾が大きすぎる、具体的にはゴミが出過ぎる。そのゴミをどこかに捨てなきゃいけないから海を埋め立てる。それで埋立地ができるからそれを何とか活用しなければという話になるけれど、イメージも交通の便も悪いから開発など進まない。そこで、何か起爆剤が必要だということでイベントを誘致する。けれどもイベントも金がかかりすぎるとか、空虚だとかいった批判を浴びて上手く行かない。かつて東京都市博は中止になりましたね。結局矛盾を別のものに次々と押しつけているだけだ。

内田　だからカジノ（ＩＲ）って話が出てきたんでしょうけど。でも、カジノって本来は超富裕層が対象ですからね。ラスベガスでもマカオでも、自家用ジェットや外洋クルーザーでやってきて、ホテルから一歩も出ずにバクチだけやって帰って行く人で保っているんです。だけど、大阪が考えているカジノって、万札握りしめたおじさんおばさんが地下鉄で行くわけですから、パチンコ屋の大きいやつしかイメージしていない。

白井　大衆化路線を狙ったようですね。福岡のタクシー運転手から聞いた話で、なるほどなと思ったんですが、豪華客船でやってきて、お父さんはカジノでギャンブル三昧、お母さんと子供たちは市内観光。でもマカオなんかは狭いので、あっという間に見終わってしまう。その点日本はいい、二、三日は時間を潰せるだろう、と。

内田　なるほど、そうか。たしかに大阪だと京都や奈良がありますね。本来、カジノというのは、コンプ・サービスといって、宿泊無料、レストラン無料、ショー無料というような破格のサービスをして客を集めるんです。バクチを打つ人も、その家族もホテルから一歩も出さない。だから、カジノには窓がないし、時計もない。時間の感覚も曜日の感覚もなくなって、ひたすら人工的な快楽に耽るように仕向ける。東海岸最大のカジノシティだったアトランティックシティが落ち目になったのは、コンプ・サービスの質が下がったからだそうです。ショーに呼ぶタレントの格が落ちて、レストランで出す料理の味が落ちたらぱたりと富裕層が来なくなってしまった。日本のカジノの場合はそういうショーやレストランの質をどうやって担保するんだろうと疑問に思っていましたが、いま白井さんの話を伺ってわかりました。日本のカジノはバクチを打っているお父さんを置き去りにして、家族たちは観光させるわけですね。ホテルから出ても構わないんだ。それならカジノホテルでショーをやる必要もないし、美味しいレストランを開く必要もない。まさに「大きなパチンコ屋」でいいわけですね。そうか、日本のカジノはコンプ・サービスが要らなかったんだ。そこは思いが及びませんでした。

白井 しかし、コロナの影響でＩＲの計画も頓挫してしまいました。

内田 外国人観光客がいつ戻ってくるかまったく予測が立ちませんからね。岩田健太郎先生と朝日新書で対談して『コロナと生きる』という本を出しましたが、岩田先生も終息まで数年単位の時間がかかるんじゃないかと言っていましたね。今年、来年という単位じゃ無理だろう、と。

白井　だいたい一〇〇年前のスペイン風邪が終息までに二年でしたが、もっとかかるかもということですね。

中国とコロナワクチン開発の行方

内田　感染症の専門家で他の友人からは、新型コロナのワクチン開発について、こんな話を聞きました。どこが世界に先駆けてワクチンと特効薬の開発に成功するかによって、世界の地政学的環境が変わるって。アメリカが開発した場合、まず自国民に、それからカナダとメキシコ、それからファイブアイズ（米、英、豪、加、ニュージーランド）の同盟国に優先的に供給してゆく。ヨーロッパの場合は、当然EU二七カ国から。それからドイツだったらトルコ、フランスだったら北アフリカというふうに移民労働者が往き来するところに優先的にワクチンを配布する。それはわかるんです。いちばん興味深いのは中国が最初にワクチンを開発した場合です。彼らがそれを外交カードとしてどう使うかが、なかなか予見できない。優先的な配布先は「一帯一路」関連国です。アゼルバイジャンとか、トルクメニスタンとかカザフスタンとか、自分たちがこれから伸していくところにたっぷりと「恩を売る」。東アジアでも、海上シルクロードの関連国。そして、アフリカ。おそらくアフリカは国際的医療支援がいちばん後回しになる。それに先んじて、中国はかなり早い段階から医療支援していく。中国が対日外交カードとしてワクチンや特効薬を日本相手に使う場合に、どうするか。これが興味のあるところなんです。僕は自民党の中で中国とパイプを持つ人びとが窓口になってワクチンを持ち込むというシナリオがあるんじゃないかと想像しています。だって、ワクチンがあれば経済活動を再開できるわけですから、中国からワクチンを持ち込んだ政治家は「救国の英雄」になるわけですよね。そういうやつは必ず「オレが習近平とひざ詰めで談判してワクチンを出させたんだ」と手柄顔を吹聴して回る。必ずそうします。そして、この政治家が次の政局でリーダーシップをとることになる。だから、いま自民党のなかではどこの国がワクチンを最初に開発するか、それを誰がどうやって日本に持ち込むかについて、あれこれと皮算用をしていると思います。中国は医療カードをうまく使えば、日本の対米従属派の勢いを殺いで、西太平洋におけるアメリカの地政学的プレゼンスを低めることができる。だから、使い方を慎重に考えてくる。そのときに中国との「パイプ」になる政治家は野党からではなく自民党からチョイスする。僕が中国政府の人間ならそうしますけどね。

白井　その場合、やはり二階俊博さんなのでしょうね。

内田　ワクチンを使って自民党の中にくさびを打ち込んで、そこに親中派のケルンを形成する。自民党内で、アメリカスクールとチャイナスクールの対立が生まれてきて、しかもアメリカの国力が低下して中国が上がってきた場合、アメリカとのチャンネルを持っていることを自分のアドバンテージにする政治家と、中国とのチャンネルをアドバンテージにする政治家とがでてきて、中国とチャンネルを持つ政治家がじわじわと優勢になってくる。そういうことになりそうな気がします。かつては左翼内部でソ連派と中国派の苛烈なヘゲモニー闘争がありましたけれど、もし中国が世界で最初にワクチンを開発した場合には自民党内で親米派と親中派の間でヘゲモニー闘争が展開する可能性がある。

白井　じゃあ、二階さんの力が増すということですか。二階さんほどよくわからない、何を考えているのかわからない政治家はいない。中国や韓国とのパイプを多数持っていて重視していることまではわかるのですが、それでもって何をしようとしているのか、日本の国際的立ち位置をどういうところへ持っていきたい政治家なのか、よく見えないのですね。

内田　もともと自民党田中派は中国とのパイプがあったんですけれど、田中派はみんな民主党に行っちゃったんですよね。でももう今の立憲民主党には田中派時代の政治家って、ほとんどいないんじゃないかな。鳩山由紀夫さんなんかはまだ中国と往き来していますけどね。

白井　鳩山さんの中国とのコネクションは並大抵のものではないですね。

内田　自民党には二階派しかないけれど、野党サイドには田中派の残党がまだちらほら残っている。その個人的なコネクションを使って中国が野党を親中派のケルンに選ぶということもあり得るわけですね。

白井　なるほど。

内田　そうするとまた政局が大きく変わる。自民党と結んで日本の古い対米従属マシーンをそのまま居抜きで「対中従属マシーン」として再利用しようとするか、あるいは野党と手を結んで、野党に力をつけさせて自民党と拮抗できる政治勢力をつくった方がコントロールしやすいと考えるか。この辺は中国共産党にとっても考えどころですね。どっちが得になるか。難しい選択を迫られます。やっぱりコロナは大きいですね。

白井　大きいですね。コロナ危機は、中国の国際的影響力が大きく高まるきっかけになるかもしれないわけですね。そのストーリーがありうるなと感じさせられるのは、中国がコロナ制圧に成功する一方で、アメリカが大失敗しているというこの対照性ですよね。この対照的な光景は多分にシンボリックなわけですが、ワクチン開発や製薬、他国への援助といった次元で明暗が分かれてくると、今後の影響力の大きさにダイレクトにつながってくる。

内田　本当に大きいですね。ペストがヨーロッパの歴史を変えたように。スペイン風邪だって五〇〇〇万人死んだというのだから。一九世紀末の人口がいまの中国の人口とほとんど同じ、一四億人なんですね。その一七、八年後ですから二〇億人いってないでしょうね。

白井　コロナをきっかけにスペイン風邪に注目が集まっていますが、あらためて振り返ると相当な出来事ですよね。あの時代には大きな戦争があってその犠牲者の多さのなかに紛れてしまっている観があるけれど、やはり並大抵のことではなかったはずです。

内田　ヨーロッパの哲学や文学を読んでいると、大戦間期が危機と不安の時代なんだということはよくわかります。背景には戦争だけじゃなくて、スペイン風邪の影響もあったんだと思いますね。コロナはそれほどの死者を出すわけではないと思いますけれど、新自由主義経済はこれでとりあえずは終わると思います。グローバル資本主義も停滞を余儀なくされる。それに代わるオルタナティブとしているどのような経済思想が出てくるのか、どのような組織論が出てくるのか、僕はそれを注視しています。

白井　エマニュエル・トッドいわく、コロナ危機は世界を一変させるのではなく、すでに生じている変化を加速させるだろう、と。この見立ては正しいように思われます。アメリカでは、従前からあった保守とリベラルの対立が、「マスクを着けるか着けないか」という対立にまで単純化され先鋭化しているようです。日本の場合は、コロナ危機をきっかけに超長期政権が倒れるという大変動が起きたわけですが、菅政権が成立することで、その変動が「なかったこと」にされたという展開をたどっているように、いまのところ見えます。しかし、オリンピックの延期さらには中止やコロナ不況などの困難に直面するなかでこのまま落ち着くとは思えません。本書で話題にしてきたような深層の問題が表面化することになるのだと思います。

おわりに

みなさん、こんにちは。内田樹です。

今回は白井聡さんとの対談本です。

この対談、実際には永江朗さんが「立ち合い人」として毎回司会を担当してくださいました。ですから、実際には鼎談《ていだん》に近いかたちで話は展開したのです。でも、刷り上がった紙面では、永江さんは「舵取り《かじと》」役に徹して、発言者としては登場してきません。とはいえ、永江さんと編集の崔鎬吉さんというきわめてリアクションのよい聴き手が横にいてくれたおかげで、毎回話が弾んだわけですから、その意味では、このお二人もこの書物の「隠れた著者たち」と呼ぶべきだろうと思います。ですから、この本の完成について、ご尽力くださったお二人にまずお礼を申し上げたいと思います。

この対談は白井さんの『永続敗戦論』が話題になり始めてすぐの頃に企画されたかと記憶しております。本の評判を聴いて僕もすぐに一読しました。読んで驚きました。

ある意味で「戦後思想のちゃぶ台返し」的な過激な論考であるにもかかわらず、論の運びが怜悧《れいり》で、つねに学術的な節度が保たれていたからです。「冷たい炎」とでも形容したらよいのでしょうか。頭をかきむしりたいほど激しているのに、言葉遣いは異常なほど冷静という人が時々いますが、それは「ものすごく怒っている」からです。ふつうの怒りとは違うからそうなる。よくある因習的な怒りであれば、定型がありま す。定型的に怒ってみせれば、「ああ、『あのこと』で怒っているのね」と誰にでも理解してもらえる。でも、白井さんが『永続敗戦論』で書いたことは、ふつうの読者が「ああ、あのことね」と同定できるような話ではありませんでした。「そんな話聴いたこともない話」「そんな話これまで誰もしたことがなかったような話」だった。だから、白井さんはあえてていねいに、ほとんど「慇懃無礼《いんぎんぶれい》」というぎりぎりくらいまで穏やかな口調で、日本国民が敗戦という歴史的事実を否認し続けてきたことによって、日本が「こんな国」になってしまったことを腑分《ふわ》けしてみせました。みごとな手際の仕事でした。抑制された文体はそれだけ白井さんが怒っていたのだからだと僕は理解しています。

僕はもともとがフランス文学研究出身ですので、思想のコンテンツの整合性や政治的正しさよりも、むしろ文体のリズムや修辞の鮮やかさに心惹かれます。白井さんは時々はっと胸を衝《つ》かれるような素敵な文章を書かれます。政治を論じる人がこういう文体を持っていることは例外的です。言葉の力に対する信頼がなければ、なかなかこういう文体にはなりません。でも、「言葉の力に対する信頼」というのは、現代では最も値崩れしているものの一つです。メディアにあふれる言葉を見ても、書店に並べられた新刊書を手に取っても、なかなか読み続ける意欲を維持できないのは、そこに「言葉の力に対する信頼」がないからだと僕は思います。それは一頁めくればわかります。

「言葉の力に対する信頼」というのは、言い換えれば「読者の知性に対する信頼」のことです。

以前、朝日新聞が「言葉のチカラ」というコピーを大々的に掲げたことがありました。こんなコピーでした。

「言葉は感情的で、残酷で、ときに無力だ。それでも私たちは信じている、言葉のチカラを。ジャーナリスト宣言。朝日新聞」

このコピーを見て、僕は肌に粟《あわ》を生じました（同じ印象を抱いた人はほかにもたくさんいたようです）。それはコピーの出来が良いとか悪いとかいうレベルの話ではありません。僕はそこに伏流している「言葉は道具だ」「読者は操作対象だ」という貧相な言語観に悪寒を覚えたのです。

このコピーを書いた人間（そして採用した人間）は「言葉は読者を操作するための有用なツールだ」と思っているのです。だから、言葉を使えば「感情」を吐露することもできるし、言葉を凶器として用いて人を傷つけることもできると思っている。けっこう使い勝手のよいツールだけれど、「ときに無力だ」と思うこともある。別に謙遜《けんそん》しているわけではないのです。「ときに無力だ」という言い方は、「たいていは有力である」ものについてしか使われませんから。

このコピーを読んで（どうせ文案を作ったのは広告代理店でしょうけれど）、これを書いたり、採択したりした人たちは読者の知性をほんとうに侮っているなと僕は思いました。もう一度繰り返しますけれど、「言葉の力を信じる」というのは、「読者の知性を信じる」ということです。もう少し広く「読者」という語を「集合的に機能する読者共同体」のことだというふうに解釈してくださっても結構です。「読者の知性を信じる」というのは、「言論の正否や価値を判定する場を信認する」ということと同義です。情理を尽くして語れば聞き届けてくれる人がきっといるに違いないという希望のことです。

定型に堕す書き手には、そのような信認も希望もありません。彼らがどこにでもあるような、手垢《てあか》のついた言い回しを多用するのは、そうしないと読者は理解できない（バカだから）と思っているからです。「プロの物書き」と自称している人たちの中にもそういう読者を侮った態度でものを書いている書き手はいくらでもいます。

でも、いったい僕たちは読み手の知性を信じないで何を書けるというのでしょう。

「情理を尽くす」とは限界まで言葉を酷使することです。言葉をたわめ、押し伸ばし、ねじまげ、そんなふうに言葉を使った人はこれまでいないようなしかたで言葉の可能性を押し広げること、それが「情理を尽くす」ことだと僕は思っています。

白井さんは若い論客の中で、僕が久しぶりに出会った「情理を尽くす書き手」でした。それは若者らしい情熱の温度の高さもかかわっているのでしょうけれど、基本にあるのはこの社会を共に生きている同胞たちの知性と倫理性に対する信頼だと僕は思いました。なすべきことを熱く、理を以て宣べ伝えるなら、ともに「なにごとか」をなすために立ち上がってくれる人々がいる。そういうまだ見ぬ同志に対する信頼がないと、白井さんのような文章は書けない。僕はそう思いました。それは彼がレーニンの研究者として出発したことと関係があるのかも知れません。革命家にとって最も重要な資質は「革命的大衆は必ずや立ち上がる」という同胞たちの知性と倫理性に対する絶対的な信頼ですから。

このような際立った知性の持ち主と長時間にわたって対話する機会を得たことを僕はほんとうにうれしく思っています。

なんだか白井聡礼賛だけで、全然この本の解説になっていませんけれど、まあ、いいですよね。そういう人と僕が熱く語りあった本ですから、きっと面白いはずです。というか、これは「おわりに」だからもう読み終わってしまっているんですよね。でも、対論者が二人ともそれぞれに「言葉の使い方」にずいぶん気を配っているという印象は読後感として残ったのではないかと思います。

白井さんとはこの四月から京都精華大学人文学部でしばらく同僚ということになります（養老孟司先生とご一緒に僕も客員教授に招聘《しょうへい》されたのです）。このメンバーなら、たぶん何か面白いことができそうです。それを今から楽しみにしています。

二〇一五年二月

内田　樹

文庫版あとがき

みなさん、こんにちは。内田樹です。

本書は二〇一五年に出た白井聡さんとの対談集の文庫化です。もう五年も前になるんですね。時評的な本が五年後に文庫化されるというのは、かなり珍しいことだと思います。五年前の政治的トピックをめぐって書かれた本がいまもまだリーダブルであるとするとそれを説明する仮説は一つです。それは、日本の政治状況が五年前から本質的に変化していないということです。

対談当時は第二次安倍政権のときでしたが、そのときの官房長官がいまの総理大臣ですから、政治状況が変化しないのは当然と言えば当然です。対米従属、独裁、ネポティズム、官僚とメディアの「忖度」、経済優先、人権軽視、反知性主義という政権の「後進国的」体質は総理大臣が代わっても変化しませんでした。むしろ反知性主義的な傾向は一層強化されているような気がします。

「反知性主義」という言葉を使うと、たちまちこめかみに青筋を立てた人たちがわらわらと登場してきて、「オレのことを言っているのか」とか「お前はいかなる資格があって、他人を知性的・反知性的だと区別できるつもりなのだ」と怒り出します。でも、僕はそれほど論争的なことを言っているつもりはないんです。

反知性主義というのは「他人から知的に誠実な人だと思われるために努力する気がない」という心的傾向のことです。それだけです。別に頭が悪いとか無知だとか言っているわけじゃありません。スマートで博識な反知性主義者だっていくらもいます。「知的誠実さ」というのは、嘘をつかない、首尾一貫性を重んじる、論理的に思考する、などいろいろなかたちで示されますけれど、一番際立った特徴は「論拠を示して説得されれば、素直に誤りを認めて、自説を撤回する」ことです。

そのようなことができるかどうかということは、その人が謙虚であるとか度量が大きいとかいう個人的属性とはとりあえず関係がありません。自説を撤回することができる人は「科学的」であろうとしている、それだけです。科学的であろうとする人は、きちんと反証されれば、誤りを認める。科学的であることに興味がない人は、それをしない。知性と反知性の違いはつきつめて言えばそれだけです。

反知性主義者は世の中にたくさんいます。市井の人たちにもいますけれど、むしろ政治家やジャーナリストの方に多いような気がします。輝かしいキャリアを誇る反知性主義者たちがたくさんいるからこそ、「成功したい」と思う人たちがそのふるまいを真似るんでしょう。そうでなければ、これほど反知性主義が蔓延した現実を説明できません。

でも、僕は反知性主義がこれ以上広まることは、いずれ「国難」的な事態を招来すると思っています。どこかで歯止めをかけないと遠からずこの国は「たいへんなこと」になる。

白井さんとの対談で僕たちが心がけていたことは、それを何とか食い止めることだったと思います。二人ともわりときっぱりと「仮説」を提示しています。過去の事例の解釈だけでなく、未来予測もしています。それは「言い切りたい」という気質のなせるわざでもありますが、それ以上に、そういうふうにきっぱり言い切っておくと、間違ったときにすぐにわかるからです。五年前の対談ですから、僕たちが「きっぱり言い切った」言明の中に、お読みになって「違うじゃないか。現実はそんなふうになってないじゃないか」と思うところもあちこちにあると思います。でも、それは読めばすぐにわかります。「あ、ここで間違えたな」ということがすぐわかる。

それは読者のためにしていることという以上に、自分たちのためにしていることです。

自分の間違いには自分が一番はやく気が付くようにする。これは科学的であろうとする人間に絶対に必要な心がけです。

やってはいけないのは「玉虫色」の言明です。あとからどうでも解釈できるように話を曖昧にしておけば、たしかにぐちゃぐちゃ言い訳をすれば、間違いを認めずに済みます。でも、それは読者に対して不誠実であるという以上に、自分に対して不誠実です。それは自分で立てた仮説を自分で修正する機会を自分に禁じることだからです。できるだけ「間違い」がすぐに検出できるように仮説を提示すること。仮説の反証事例が出てきたら、ただちに仮説を撤収して、その反証事例をも説明し得るような、より包括的な新しい仮説に書き換えること。それが科学的な態度です。

この本が五年前の時事問題を扱っていながら、今もリーダブルであるとしたら、それはたぶんこの「科学的」なスタンスを保持していたからだと思います。だから、読んだ皆さんが、僕たちの五年前の仮説と、それ以後に現れた反証事例とつきあわせると「新しい、より包括的な仮説」を自作できる。「自作できる」というところが肝要です。

書き手が「すべてを説明し切っており、みじんの誤りも含まれていない」と称するテクストの場合は、一つでも反証事例が見つかると、すべてが無価値になります。でも、「ここにはいくつかの誤りが含まれているはずなので、気がついたらそちらで補正して、引き続きご自由に『使い回して』ください」というテクストはもう少し長く生き延びられる。読者が手ずからその本の価値を加算してくれるからです。

僕はそういうふうな書き手と読み手の間のやりとりとコラボレーションがとてもたいせつだと考えています。そういう努力を行間から感じていただけるとうれしいです。

最後になりましたが、つねにその圧倒的な知性と熱量で僕をインスパイアしてくれる白井聡さんに感謝と敬意を表したいと思います。これからもどうぞ老骨をご指導ご鞭撻ください。

また最初にこの企画を立ててくれた徳間書店の崔鎬吉さん、文庫化を進めてくれた長田匡司さんのご尽力にもこの場を借りて感謝いたします。どうもありがとうございました。

二〇二〇年一一月

内田　樹

日本戦後史論《にほんせんごしろん》

朝日文庫

2021年1月30日　第1刷発行

著　者　内田《うちだ》 樹《たつる》　白井《しらい》 聡《さとし》

発行者　三宮博信
発行所　朝日新聞出版
〒104-8011　東京都中央区築地5-3-2
電話　03-5541-8832(編集)
03-5540-7793(販売)
印刷製本　大日本印刷株式会社

Published in Japan by Asahi Shimbun Publications Inc.
定価はカバーに表示してあります

ISBN978-4-02-262043-9